ars vivendi

# Fundort Geschichte Oberbayern
## Ausflüge in die Vergangenheit

Herausgegeben von Eva Strauß

Ein ars vivendi Freizeitführer

Bei der Realisierung dieses Führers ließen wir größte Sorgfalt walten. Falls dennoch Fakten falsch oder inzwischen überholt sein sollten, bedauern wir dies, können aber in keinem Fall eine Haftung übernehmen.

Zweite, überarbeitete, erweiterte und aktualisierte Auflage August 2015
© 2003 by ars vivendi verlag GmbH & Co. KG, Cadolzburg
Alle Rechte vorbehalten
www.arsvivendi.com

Typografie und Ausstattung: ars vivendi
Umschlagfotografie: © RW-Design/fotolia.com
Karte: Ingenieurbüro Dieter Ohnmacht, Frittlingen
Lithografie: Repro-Studio Harald Schmidt
Satz: ars vivendi verlag
Druck: Werbedruck GmbH Horst Schreckhase, Spangenberg
Printed in Germany
ISBN 978-3-86913-556-4

# Inhalt

# Vorwort

Oberbayern – das sind Berge, Seen, Kirchen und Schlösser! So will es das Klischee – aber  Oberbayern ist mehr. Nicht (nur) die berühmten Sakral- und Schlossbauten, die jeder Kunstführer behandelt, sind Thema von *Fundort Geschichte*, sondern die verborgenen, weniger auffälligen Bauwerke und Denkmäler. Manches ist (kaum) über die lokalen Grenzen hinaus bekannt geworden, manches ist so vertraut, dass sich niemand mehr Gedanken über seine Entstehung macht. Die Beiträge erzählen die Geschichten, die hinter den Fundorten verborgen sind. Ergänzt werden sie mit Tipps, die die Fundorte Teil oder Hauptziel eines Ausfluges macht.

Für das Buch musste natürlich eine Auswahl getroffen werden. Exemplarisch werden Reste aus dem reichhaltigen archäologischen Erbe vorgestellt; mittelalterliche Burgen und Ruinen erzählen von einem unbequemen, wenig romantischen Leben. Wie der Alltag früher aussah, welche heute oft verschwundenen Berufe es gab, zeigen sozialgeschichtliche Zeugnisse. Von ganz verschiedenen Menschen wird erzählt, von großen und kleinen Helden, von berühmten Künstlerinnen und Künstlern ebenso wie von berüchtigten Gestalten. Geschichte hat(te) immer Schattenseiten: Hexenverfolgungen oder die Gräueltaten der Nationalsozialisten können uns Mahnung und Warnung vor den Abgründen menschlichen Handelns sein.

Oberbayern ganz ohne Kirchen – unvorstellbar! Wallfahrten, Wunder und Martyrien sind überall präsent. Manches mag aufgeklärten Zeitgenossen seltsam erscheinen. Und manche Erinnerungsstücke streifen tatsächlich die Grenze zum Kuriosen, wie etwa das Pferd von Gustav Adolf oder der Schwarzbau von Väterchen Timofej. Ob originell, spannend oder aufschlussreich – *Fundort Geschichte* lädt Sie ein zu abwechslungsreichen Ausflügen in die Vergangenheit.

*Eva Strauß*

# 1 Romanisches Schmuckstück
## Die Basilika auf dem Petersberg

Auf einem Bergplateau über der Glonn, von Bäumen umgeben, befindet sich einer der stimmungsvollsten romanischen Kirchenbauten aus dem frühen 12. Jahrhundert. Der schlichte, ausgewogene Baukörper der dreischiffigen Basilika (der Turm wurde erst später erbaut) ist ebenso ansprechend gestaltet wie der harmonische Innenraum mit seinen Wandgemälden. Es hätte aber nicht viel gefehlt und dieses romanische Juwel wäre für immer verloren gegangen. 1864 war die Kirche wegen Baufälligkeit zum Abriss vorgesehen worden. Der Pfarrer der Nachbargemeinde Walkertshofen, Joseph Anton Immler, der 1869 sein Amt antrat, überzeugte die zuständigen Behörden von der kunsthistorischen Bedeutung des »Petersbergkirchleins« und bewirkte schließlich eine grundlegende Renovierung. Zum 800-jährigen Jubiläum der Kirche im Jahr 1906/07 wurde der im Laufe der Jahrhunderte verschiedenen Stilrichtungen angepasste Kirchenraum in seiner ursprünglichen romanischen Gestalt wiederhergestellt.

Der Bau der Kirche geht auf die Ansiedlung von Benediktinermönchen im Jahr 1104 zurück. Zu diesem Zeitpunkt befand sich auf dem später so benannten »Petersberg« die Burg Glaneck der Grafen von Scheyern. Ihr Kloster verlegten die Mönche wegen Wassermangels und »zu großer Ungunst dieses Ortes« 1119 nach Scheyern. Die zwischen 1104 und 1107 entstandene dreischiffige Basilika (24 Meter Länge, 12 Meter Breite) wurde den Heiligen Petrus, Paulus und Martin geweiht (»Peterskirche«). Zehn Pfeiler und zwei Säulen tragen das Mittelschiff; ihre Zahl steht für die zwölf Apostel. Die ursprünglichen, schießschartenartigen Rundbogenfenster, die nur spärliches Licht in den Kirchenraum einfallen lassen, wurden im Zuge der Restaurierung wiederhergestellt. Das Zusammenspiel von Hell und Dunkel sowie die warmen Farben der Freskomalerei stehen im Kontrast zum nackten Stein und erzeugen einen äußerst stimmungsvollen Eindruck. Die byzantinisch anmutenden Fresken in der Apsis ziehen den Blick unweigerlich auf sich. Teile der Wandgemälde waren bei der Restaurierung 1906 entdeckt und freigelegt worden. Die zum Vorschein gekommenen Freskoreste reichten aus, um auf die Gesamtkomposition der Wandbemalung schließen zu können. Prof. Haggenmiller restaurierte

Basilika auf dem Petersberg mit Apsis und Turm

und ergänzte die Fresken. Er übernahm auch die Ausstattung der ursprünglich unbemalten linken und rechten Seitenapsis nach Vorlagen aus Buchillustrationen und andernorts erhaltenen Kirchenfresken.

In der Hauptapsis sind drei Bildreihen übereinander angeordnet. Unten ist Maria als Herrscherin mit Reichsapfel und Jesuskind, umgeben von Engeln, zu sehen. In der Mittelreihe wird die Kreuzigung des heiligen Petrus und die Enthauptung des heiligen Paulus dargestellt. In der obersten Reihe, die in die Kuppel übergeht, ist der lehrende Jesus in der Mandorla abgebildet, einem Heiligenschein um die ganze Figur; links von ihm Petrus, rechts von ihm Paulus.

Spuren gotischer und barocker Renovierungen sind bis auf die Kirchenbänke nicht mehr vorhanden. Der Boden wurde auf sein einstiges Niveau abgesenkt. Der steinerne Altartisch ist eine Ergänzung aus dem letzten Jahrhundert. Er unterstreicht den Purismus romanischer Architektur.

Im 20. Jahrhundert blühte auch das geistig-religiöse Leben auf dem Petersberg wieder auf. Der aus der Gegend stammende Weihbischof Johannes Neuhäusler (1888–1973) gelobte während seiner Gefangenschaft im Konzentrationslager Dachau, alles zu tun, um den Petersberg zu einem Ort des lebendigen Glaubens und zu einem Zentrum der Seelsorge im Glonntal zu machen, falls er befreit würde. Er erfüllte sein Versprechen und gründete 1952 die Begegnungs- und Bildungsstätte »Katholische Landvolkshochschule Petersberg«. Seither kommen jährlich viele Gläubige jeglichen Alters an diesen Ort. Den Höhepunkt bilden die Pfingsttreffen der »Katholischen Landjugend Bayern«. Unter Liebhabern romanischer Baukunst gilt die Kirche auf dem Petersberg als Kleinod. Am Wochenende zieht es viele Besucher hierher.

*Rita Sperl*

**INFOS**

Mit dem Auto hält man sich von Dachau Richtung Aichach, kurz hinter Erdweg befindet sich der Petersberg. Der Haltepunkt Erdweg wird von der S 2 Richtung Altomünster bedient, von dort geht man ca. 15 Min. in Fahrtrichtung des Zuges entlang der Bahngleise. Die Basilika ist tägl. von 8.00–17.00 geöffnet. Kirchenführungen finden an So und Fei um 14.30 statt. Der für den Erhalt der Basilika tätige Förderverein bietet dort auch Konzerte und festliche Veranstaltungen an. Den Besuch auf dem Petersberg kann man zum Ausgangspunkt des 9 km langen »Meditativen Wanderwegs« machen, der zum Kloster Altomünster führt. Unterwegs kommt man an abwechslungsreichen Stationen vorbei, die Geist und Sinne anregen.

Informationen unter: www.der-petersberg.de, www.erdweg.de

# 2 Eine vergessene Volkskunst
## Die Mörtelplastiken des Bartholomäus Ostermair

In Dörfern und kleinen Weilern zwischen München und der Donau sind sie noch zu sehen: die Mörtelbilder an Bauernhäusern, Ställen, Scheunen. Entstanden im letzten Viertel des 19. Jahrhunderts, finden sie heute wenig Beachtung. Gehegt und gepflegt werden sie meist nur von älteren, traditionsbewussten Bauern. Als Beispiel soll das Relief-Mauerbild in Förnbach am Rande von Pfaffenhofen dienen.

Es ist nicht mehr das alte Bauernhaus, das in der Förnbachstraße 21 zu sehen ist. Nur der ursprüngliche Stall steht noch, aber man muss schon den Hof betreten, um das Relief neben der Stalltüre zu entdecken: den heiligen Leonhard im Abtornat mit Bischofsstab, flankiert von Hengst und Stute. St. Leonhard wird seit dem 15. Jahrhundert als Viehpatron, vorwiegend für Pferde, verehrt. Entstanden ist das Mörtelbild etwa 1867. Der alte Bauer erzählt, dass sein Großvater »dem Bartl Ostermair« den Auftrag für das Bild gegeben habe, als Schmuck und Segen für den damaligen Pferdestall. Wer war dieser Bartl Ostermair?

Bartholomäus Ostermair, auch Saubartl genannt, wurde als zehntes von zwölf Kindern am 15. August 1837 geboren. Seine Eltern waren Gütlersleute in Metzenried (Kreis Aichach). Er wurde Maurer, heiratete Afra Huber und kaufte ein Anwesen in Unterweilenbach.

In der Folgezeit kümmerte sich Afra um die kleine Landwirtschaft und die acht Kinder, Bartholomäus entwickelte immer mehr einen Hang zum Basteln und künstlerischen Gestalten. Im Winter schnitzte er Schlittenköpfe, Löffel, Messergriffe und Stöcke. Im Frühjahr zog er mit seinem Maurerwerkzeug »auf Stör« in die nähere und weitere Umgebung. Oft war er monatelang nicht zu Hause, schickte aber heim, was von seinem geringen Verdienst übrig blieb.

Ostermair hatte stets ein kleines Musterbüchlein dabei. Die Auftraggeber konnten sich das Motiv auswählen und eigene Wünsche einbringen. Ostermair war von unglaublicher Vielseitigkeit. Neben St. Leonhard hatte er, um nur einige Beispiele zu nennen, folgende Heilige im Repertoire: Florian als Helfer gegen Feuer, Georg im Kampf mit dem Drachen, Wendelin als Schutzpatron der Hirten,

Das Mörtelbild St. Leonhard: Die Jahreszahl wurde nachträglich »korrigiert«.

Isidor als Schutzheiliger des Bauernstandes, Sebastian als Helfer gegen Seuchen oder die Jungfrau Maria mit Kind. An Wirtshäusern finden sich vierspännige, voll beladene Bierfuhrwerke, an einer Mühle ein von zwei Löwen gehaltenes Mühlrad. Manche Motive kehren häufig wieder, doch sind die einzelnen Reliefs stets individuell gestaltet. An Ostermairs Arbeiten lässt sich auch der soziale Status seiner Auftraggeber ablesen: Besonders aufwendig und detailgetreu sind die Reliefs für Großbauern oder Wirte.

Als Material brauchte er Ziegelsteine oder Holzleisten, Nägel und dünnen Draht. Ungelöschten Kalk rührte er mit Schweißsand und Gips zu einem feinen, leicht modellierbaren und Witterungseinflüssen standhaltenden Mörtel an. Als Fundament für die Reliefs mauerte er Ziegelsteine oder eine Holzleiste in eine in die Wand geschlagene Vertiefung. Um die Figuren zu skizzieren, wurden Stifte oder Nägel eingeschlagen und mit Drähten verbunden. Schichtweise trug er den Mörtel auf diese Grundlage auf. Aus Stabilitätsgründen mauerte er oft Ziegelstückchen mit ein. Wenn die Figur in Umrissen fertig war, modellierte er mit Taschenmesser, Stichel oder spitzen Hölzern die Einzelheiten heraus. Nach dem Trocknen wurden die Reliefs bemalt. Leider lassen sich heute die Originalfarben nicht mehr feststellen.

Wie der einfache Maurer dazu kam, ohne jedes Vorbild zwischen 1875 und 1898 Gebäude mit diesen eigenwilligen Plastiken zu verzieren, darüber kann man nur spekulieren. Viel verdient hat er damit jedenfalls nicht. Nicht mehr überprüft werden kann auch die Geschichte, dass er wegen unbefugten Ausübens seiner Kunst einmal bestraft wurde. Kein Aktenstück wurde darüber gefunden. Mit welcher Begründung war er bestraft worden? Besaß er den damals erforderlichen Wandergewerbeschein nicht? Wie auch immer: Seiner Arbeit hat das keinen Abbruch getan – noch zwei Jahre vor seinem Tod hat er Reliefs angefertigt. Bartholomäus Ostermair starb am 3. Mai 1899. Die Wanderschaft bei Wind und Wetter hatte seine Gesundheit angegriffen und zu einem ständigen Husten und zur Wassersucht geführt. Er liegt auf dem Friedhof von Weilach begraben.

Heute stehen die Mörtelbilder unter Denkmalschutz. Für sein eigenes, besonders reich geschmücktes Haus kam dies zu spät: Als sein Sohn 1931 einen Neubau errichtete, wurden die Bildwerke zerstört.

*Ingrid Reuther*

# 3 Eigentlich eine Hopfenhalle
## Das Rathaus in Wolnzach

Historische Rathäuser zählen zu den Sehenswürdigkeiten vieler Ortschaften, in denen Bürgerstolz und kommunaler Reichtum zum Bau architektonischer Glanzlichter geführt haben. Beim Rathaus in Wolnzach will sich dieser Eindruck auch nach längerer Betrachtung nicht so recht einstellen. Mit seinem gestuften Dach erweckt das Gebäude am Marktplatz eher den Anschein einer Lagerhalle, auch wenn der mit Schmuckelementen versehene mittlere Teil dem Gebäude sichtlich Bedeutung verleihen soll. Der Eindruck täuscht nicht: Das »neue Rathaus« ist zwischen 1878 und 1881 tatsächlich in erster Linie als Lagerstätte für Hopfen und Getreide errichtet worden. Nur ein kleiner Teil des Obergeschosses war damals für die Gemeindeverwaltung gedacht.

Die Geschichte des Marktes Wolnzach ist eng mit dem Hopfen verbunden. Wolnzach liegt in der Hallertau, das heute als das größte zusammenhängende Hopfengebiet der Welt gilt. Die Anbaufläche beträgt mittlerweile etwa 19 000 Hektar, das ist doppelt so groß wie der Chiemsee. Im 19. Jahrhundert war Franken noch der führende Hopfenproduzent. Vor allem die südlich und östlich von Nürnberg gelegenen Gebiete um Spalt und Hersbruck zählten in jener Zeit zu den wichtigsten Zentren des bayerischen Hopfenanbaus. Heute sind diese beiden fränkischen Hopfengebiete zu Restgrößen geschrumpft: Dem Hopfenanbau stehen dort keine 1 000 Hektar mehr zur Verfügung.

Kurz vor dem Ersten Weltkrieg hatte die Hallertau den fränkischen Hopfenanbaugebieten den Rang endgültig abgelaufen. Das lag vor allem an den moderneren Anbau- und Verarbeitungsmethoden der Hallertauer. In Franken hielt man noch lange am »Stangenhopfen« fest. Doch Hopfenbau an Stangen ist mühsam und arbeitsintensiv, denn die Stangen müssen jährlich neu gesetzt und dann wieder entfernt werden. In der Hallertau verwendeten die Bauern hingegen schon früh Drahtgerüste für die Hopfenpflanzen, wie sie heute noch gebraucht werden. Erste Drahtgerüstanlagen erprobte man bei Wolnzach bereits um 1830, über 50 Jahre früher als in Franken. Um 1930 wuchsen 98 Prozent der Hallertauer Hopfenpflanzen an Drahtgerüsten, während im Hersbrucker Gebiet immer noch 96 Prozent Stangenhopfen stand. Auch beim Trocknen des Hopfens beschritt man in der Hallertau neue Wege. Die

Wunderbare Verwandlung: Die Hopfenhalle wurde zum Rathaus.

gegen Ende des 19. Jahrhunderts entwickelten Hopfendarren ermög-lichten auch bei nassem Wetter eine schnelle Trocknung. Dagegen wurde in Franken der Hopfen in hohen, mit Luken versehenen Dach-geschossen luftgetrocknet.

Bei diesem kometenhaften Aufstieg der Hallertau als Anbauge-biet nimmt es also nicht Wunder, dass in Wolnzach der Hopfen so-gar den Rathausbau beeinflusst hat. Der Hopfenhandel hatte in den 1870er-Jahren in Wolnzach so zugenommen, dass kein geeignet großes

Lagerhaus zur Verfügung stand und die Hopfen-Ballen nicht selten über mehrere Tage bei nasskaltem Wetter im Freien herumlagen. Der notwendige Neubau kostete die für damalige Verhältnisse stolze Summe von 86 000 Mark. Im Erdgeschoss wurden nun die angelieferten Hopfenballen gelagert und mit einem Hopfensiegel versehen. Diese Siegel, die in den fränkischen Hopfenlanden schon im 16. Jahrhundert verliehen wurden, waren ein Gütezeichen für bestimmte Produktionsorte, um Manipulationen vorzubeugen. Wolnzach erhielt 1834 das erste Hopfensiegel in der Hallertau, die von da an in sogenannte Siegelbezirke aufgeteilt wurde. In einer entsprechenden Bekanntmachung hieß es, dass nur dieses Siegel und der Waagschein »die Ächtheit der Waare« verbürge. Die Siegelung erfolgte »durch einen magistratischen Comißär innerhalb der gewöhnlichen Kanzleistunden, außerdem nicht«, Überstunden kamen also nicht in Frage für die Stadtbeamten. Das hohe Dachgeschoss mit seinen vielen Öffnungen konnte damals zusätzlich zum Lufttrocknen des Hopfens genutzt werden.

Als Hopfenhalle dient das Rathaus schon lange nicht mehr. Für die stetig wachsende Marktgemeinde war der kleine Verwaltungstrakt im Obergeschoss schon bald zu klein. Die Behörden benötigten schließlich den ganzen Bau. Seit der Sanierung in den Jahren 1999 bis 2001 ist der Sitzungssaal dort untergebracht, wo früher der Hopfen getrocknet wurde: im Dachgeschoss.

*Herbert May*

INFOS

Das Rathaus liegt am Marktplatz. Es ist Mo, Di, Mi, Fr 8.00–12.00, Do 8.00-12.00 und 13.00–17.00 geöffnet. Wolnzach ist über die A 93, Autobahndreieck Holledau, Ausfahrt Wolnzach, zu erreichen, oder öffentlich per Regionalbahn oder Regionalexpress (München–Ingolstadt), mind. jede Std., Haltestelle Bahnhof Rohrbach (Ilm), von dort aus gehen Busse (Fa. Stanglmeier, Mainburg) nach Wolnzach (Haltestelle Markt).

Traditionell werden in Wolnzach fünf Jahrmärkte im Jahr abgehalten. Im August wird das Hallertauer Volksfest mit Wahl der Hopfenkönigin gefeiert.

Alles Wissenswerte über den Hopfen erfährt man im Deutschen Hopfenmuseum, zentral gelegen in der Elsenheimerstr. 2: von der Botanik bis zum Bierbrauen, vom Anbau bis zum Hopfenhandel, von der Geschichte bis zur Gegenwart. Das Museum birgt nicht nur die vermutlich größte Spezialsammlung zur Geschichte des Hopfenanbaus, es bietet auch spezielle Biergenuss-Seminare an. Öffnungszeiten: Di–So 10.00–17.00. Weitere Informationen unter: Tel. 0 84 42/75 74, www.hopfenmuseum.de

# 4 Ins Moor gelockt
## Kolonistenhäuser im Freilicht-museum Donaumoos

Südwestlich von Ingolstadt, zwischen Neuburg und Schrobenhausen, erstreckt sich das Donaumoos. Vor über 200 Jahren war es mit etwa 17 000 Hektar noch das größte zusammenhängende Moorgebiet Bayerns. Eine – wie man heute sagen würde – »Expertenkommission« stellte 1790 fest, dass »fast 2/3 des Landes theils noch oede Möser, Brüche, Flüsse, Seen, Brachen und also der Standort nicht von Menschen sondern von Tieren seyen«. Für den von 1777 bis 1799 regierenden bayerische Kurfürsten Karl Theodor war die Kultivierung und Besiedlung des Donaumooses eine Herausforderung, die Vergrößerung landwirtschaftlicher Nutzfläche galt als Garant staatlichen Wohlstandes. Karl Theodor beauftragte den naturkundigen Priester Johann Jakob Lanz mit der Ausarbeitung eines Konzeptes und setzte eine Kommission zu dessen Durchführung ein. 1790 begann man am nordöstlichen Ende des Sumpfgebietes mit der Rodung und dem Anlegen von Entwässerungskanälen. Ein Jahr später standen an der neuen Moosstraße bereits die ersten Häuser für die landesweit angeworbenen Kolonisten, die das neu gewonnene Land bebauen sollten. Die junge Siedlung erhielt zu Ehren des kurfürstlichen Initiators den Namen Karlskron. Die Anreize für die Kolonisten zur Übersiedlung ins Moos waren verlockend. Jeder erhielt seinen Grund als freies Eigentum und war ferner für 30 Jahre von der Steuer befreit. Die Neusiedler mussten auch keinen Militärdienst ableisten, das hätte sie nur von ihrer eigentlichen Aufgabe abgehalten.

Die Siedlungen der Kolonisten wurden entlang der parallel zu den Kanälen verlaufenden Straßen angelegt. Die langen Straßendörfer prägen heute noch die Mooslandschaft. Doch von den ersten Siedlerhäusern gibt es fast keine Spuren mehr. Der teils mehrere Meter tiefe Moorgrund und der hohe Grundwasserspiegel machten den Anwohnern das Leben schwer. Ein auswärtiger Beobachter schrieb 1802, »daß wegen des schwammigen Bodens jeder etwas schwere Ofen oder Kochherd nach etlichen Jahren in die Erde sinkt und daß wenn eine Viehherde oder auch nur zwei etwas große Pferde durch das Dorf traben, davon die größten wie die kleinsten Häuser geschaukelt werden«.

Der Öxler-Hof im Freilichtmuseum Donaumoos

Von den um 1810 statistisch erfassten 332 Gebäuden waren wegen des instabilen Baugrundes nur etwa 20 Prozent ganz aus Stein errichtet worden, zumal Holz und Lehm als Baustoffe nicht nur leichter, sondern auch preiswerter waren. Erst um die Mitte des 19. Jahrhunderts verbreitete sich der Ziegelbau in der Region. Der lockere Oberboden wurde bis auf die festere, verfilzte Torfschicht abgebaut. Dann legte man eine zweifache Schicht großer Kalkplatten aus, die als feste Grundlage für die darauf aufgemauerten Hauswände dienten. Noch um 1900 fand diese Art der Fundamentierung beim dortigen Hausbau Anwendung.

So auch bei dem heute im Freilichtmuseum Donaumoos zu besichtigenden Öxler-Hof aus Kleinhohenried, benannt nach einem ehemaligen Hofbesitzer. Das 1998 eröffnete, mit der Umweltbildungsstätte »Haus im Moos« verbundene und von der Stiftung Donaumoos getragene Freilichtmuseum vermittelt anhand dreier versetzter Moosbauernhöfe und eines Tagelöhnerhauses einen Eindruck vom einstigen Leben der »Mösler«. Das ins Freilichtmuseum übertragene Tagelöhnerhaus aus Grillheim verdeutlicht die zunehmende Verarmung der Moosbewohner im Laufe des 19. Jahrhunderts. Die Siedler erhielten zu Beginn jenes Jahrhunderts etwa sechs bis sieben Hektar Grund und Boden, viele Güter wurden durch Erbteilung oder Notverkäufe immer kleiner. Zu dem 1864 erbauten Kanalhaus, so genannt, weil es zwischen Kanal und Straße, also auf billigstem Baugrund, stand, gehörten anfänglich weder Stallungen noch Nebengebäude. Die

Katasterunterlagen verzeichnen auch keinen Acker und keine Weide, ja nicht einmal einen Hausgarten. Das Haus selbst, in dem ein Tagelöhner mit seiner Familie lebte, bestand nur aus drei Räumen: die beheizbare Stube, eine unbeheizte Schlafkammer und eine kleine Küche. Dagegen zählt der um 1900 erbaute Öxler-Hof zu den großen Anwesen des Donaumooses. Das lang gestreckte Hofgebäude vereinte als Einfirsthof alle Bereiche bäuerlichen Lebens – Wohnung, Stall und Scheune – unter einem Dach. 2009 wurde das Anwesen renoviert und seine Inneneinrichtung ergänzt.

*Herbert May*

**INFOS**

Freilichtmuseum Donaumoos in Karlshuld, Ortsteil Kleinhohenried, geöffnet: 1. Apr–31. Okt, Di–Fr 8.00–17.00, Sa 13.00–17.00, So, Fei 11.00–17.00; Informationen unter Tel. 0 84 54/9 52 05, www.haus-im-moos.de

Mit dem Auto über die A 9, Ausfahrt Manching, dann die B 16 Richtung Neuburg a. d. Donau, links abbiegen nach Karlshuld, weiter nach Kleinhohenried, der Beschilderung »Haus im Moos« folgen. Von Ingolstadt Hbf. oder ZOB öffentlich mit Bus 44 nach Karlshuld/Kleinhohenried erreichbar, Haltestelle direkt am Museum (Fahrzeiten werktags: 8.10 Hbf ab – 8.37 Museum an, Rückfahrt: 17.10 Museum ab – 17.57 Hbf an).

Die Umweltbildungsstätte »Haus im Moos« ist ein Naturschutz- und Informationszentrum rund um das Thema Niedermoor.

Angeboten werden Führungen und Workshops zur Vertiefung des Naturwissens. Auf Erlebnispfaden mit Weidendorf, Bienenlehrpfad, Schilfbeet-Kläranlage, aber auch Wasserspielplatz, Partnerschaukel und Birkenastsofa, kann man die Tier- und Pflanzenwelt des Niedermoors kennenlernen. Sie durchziehen das große Freigelände, auf dem Murnau-Werdenfelser Rinder, Moorschnucken und Wisente weiden und Biber leben. Der Zeitpfad »Gestern – Heute – Morgen« führt von der Eingangshalle über das Heimatmuseum ins Freigelände und zu den Museumshäusern.

Der *Rosinger Hof*, ein Kolonistenhof aus dem Jahr 1795, beherbergt die Museumsgaststätte mit historischer Gaststube und Kegelbahn und ist Di–So ab 10.00 geöffnet, Tel. 0 84 54/9 12 88 61.

# 5 Kuriose Kriegstrophäe
## Der Schimmel Gustav Adolfs im Ingolstädter Stadtmuseum

Von Weitem sieht er ganz unscheinbar aus und wirkt etwas verloren hinter dem ihn bewachenden grimmigen herzoglich-bayerischen Löwen aus Stein. Dieser zierliche kleine Schimmel soll einen hochgewachsenen und schweren Mann über die Schlachtfelder des Dreißigjährigen Krieges getragen haben? Tritt man näher an ihn heran, erstaunt die vornehme Wölbung des Halses, die stolze Kopfhaltung, der schlanke, harmonische Körperbau des noch jungen Pferdes. Kein Zweifel, dies ist ein Ross, das eines Königs würdig ist, elegant, mutig, temperamentvoll, wendig und schnell. Aufmerksam blickt es den Betrachter an. Was würde es wohl erzählen, wenn es sprechen könnte?

1630 griff der schwedische König Gustav II. Adolf mit seiner Landung auf Usedom militärisch in den seit zwölf Jahren wütenden großen Glaubenskrieg ein. Im Frühjahr 1632 stieß das schwedische Heer gegen das Kurfürstentum Bayern vor und erkämpfte sich Mitte April in der Schlacht bei Rain mit dem Übergang über den Lech den Zugang nach München. Angesichts der Überlegenheit der Schweden vermied Kurfürst Maximilian I. von Bayern, dessen Feldherr Johann t´Serclaes Graf von Tilly schwer verletzt worden war, die direkte Konfrontation und zog seine Armee östlich der Landesfestung Ingolstadt zusammen.

Gustav Adolf nahm zunächst Augsburg ein, dann wandte er sich Ingolstadt zu. Am Rande der stark befestigten Stadt hatte man erst wenige Wochen zuvor vor der Brücke am Südufer der Donau mit dem Bau einer Befestigungsanlage begonnen, die jedoch noch nicht ganz fertig gestellt war. Ein weiteres Hornwerk wurde einer weiter östlich davon angelegten Schiffsbrücke vorgelagert. Gustav Adolf errichtete das schwedische Lager südlich der Sandrach, das Hauptquartier seiner 32 000 Mann umfassenden Armee befand sich in Oberstimm.

Am 29. April begann er mit der Belagerung Ingolstadts. Die Schweden eröffneten von der Donauebene aus das Feuer auf die Besatzung des Hornwerkes vor der festen Brücke und stürmten am Abend und in der Nacht gegen beide Brückenköpfe an – vergeblich. Am 30. April bestieg Gustav Adolf nach dem Morgengottesdienst seinen Schimmel, um das Gelände vor dem Bollwerk an der Donaubrücke zu erkunden. Dabei wagte er sich nah an den Fluss heran und zog dadurch die Aufmerksamkeit der Ingolstädter Verteidiger auf sich. Eine jenseits der Donau, von der Eselsbastei beim Neuen Schloss abgefeuerte Geschützkugel traf das Pferd, das stürzte und seinen Reiter unter sich begrub. Seine Begleiter zogen den blutverschmierten König unter dem Tier hervor und gaben dem Schimmel den Gnadenschuss. Der König kehrte ins Lager zurück und soll dort scherzend geäußert haben: »Der Apfel ist noch nicht reif.«

Am Abend dieses Tages erlag während des schwedischen Angriffs Tilly in Ingolstadt den Folgen seiner schweren Verwundung. Kurfürst Maximilian folgte dem Rat des Sterbenden und rückte am nächsten Tag mit seinem Hauptheer nach Regensburg ab. In Ingolstadt blieben 7 000 Soldaten zurück, denen es gelang, die heftigen Angriffe auf den Brückenkopf links der Donau abzuwehren. In der Nacht vom 2. auf den 3. Mai gingen große Teile des schwedischen Hauptquartiers in Oberstimm in Flammen auf; am 4. Mai brach Gustav Adolf die Belagerung Ingolstadts, die ihn 1700 Mann gekostet hatte, ab. Am 17. Mai 1632 zog der schwedische König in die Residenzstadt München ein, die sich ihm kampflos unterwarf.

Nach dem eiligen Abzug der Schweden hatte die Ingolstädter Besatzung unter den Hinterlassenschaften der Schweden den toten Schimmel gefunden. Die Trophäe wurde unverzüglich in die Stadt geschleppt, wo man die Haut des Pferdes konservierte und sie über ein Gestell aus Holz und Stroh zog, um sie der Nachwelt zu erhalten. Der »Schwedenschimmel« wurde zunächst im kurfürstlichen Zeughaus verwahrt. Dort sollen ihm Souvenirjäger nach und nach die Mähnenhaare ausgerupft haben. 1920 ging er an das städtische Museum über, und seit 1981 ziert er dessen Räume im Kavalier Hepp, einem Festungsbau aus dem 19. Jahrhundert.

*Ulrike Ehmann*

König Gustav Adolf von Schweden war der Reiter dieses Schimmels.

INFOS

Der »Schwedenschimmel« steht im Stadtmuseum Ingolstadt, Auf der Schanz 45, Di–Fr 9.00–17.00, Sa, So 10.00–17.00; Informationen unter: Tel. 08 41/3 05 18 81, www.ingolstadt.de/stadtmuseum Mit dem Auto über die A 9 (Nürnberg–München), Ausfahrt Ingolstadt Nord oder Süd in Richtung Stadtmitte. Der Weg zum Museum ist ausgeschildert. Parken in der Parkgarage am Münster. Öffentlich erreichbar mit den Buslinien 30, 45, 50 und 60, Haltestelle Universität (Kreuztor), in direkter Verbindung allerdings nur ab Nordbahnhof.

# 6 »Wellness« auf der Insel
## Das frühere Badhaus in Enkering

Mitten in der kleinen Ortschaft Enkering steht an der Hauptstraße ein prächtig saniertes historisches Gebäude. Das steinerne Haus, das heute zu sehen ist, stammt aus dem Jahr 1632, doch konnten bei Bauuntersuchungen noch ältere, spätmittelalterliche Bauteile nachgewiesen werden. Das Dach dieses schmucken Hauses ist mit mehreren Lagen von Kalkplatten gedeckt, die lose aufliegen und deshalb einen flach geneigten Dachstuhl erfordern, wie man ihn vor allem aus dem Alpenraum kennt. Die Dachplatten für diese sogenannten Jurahäuser wurden in den Steinbrüchen der Region gewonnen. Berühmt geworden sind die Solnhofer Platten, die noch heute als Bodenplatten vor allem in Fluren Verwendung finden. Kalkplattendächer prägten noch bis in die Zeit nach dem Zweiten Weltkrieg die Städte und Dörfer im Altmühlgebiet, doch in der Wirtschaftswunderzeit verschwanden viele Jurahäuser. Um die Bewahrung der letzten Gebäude dieser Baugattung kümmert sich heute der Jurahaus-Verein in Eichstätt, der schon viele historische Altmühlhäuser vor dem Verfall gerettet hat.

Das Haus in Enkering ist nicht nur als Bauwerk beachtenswert. Jahrhundertelang diente es als Badehaus des Ortes, eine erste urkundliche Erwähnung stammt von 1546. Vor 1700 dürfte es in fast jedem größeren Ort in Süddeutschland mindestens ein öffentliches Badehaus gegeben haben. Da das private Badezimmer unbekannt bzw. den Reichen vorbehalten war, bot das öffentliche Badehaus die einzige Gelegenheit zum Wannenbad in Bassins oder Bottichen oder zum Schwitzbad. Nicht selten hatten die Badehäuser ihren Standort an einem Wasserlauf, so auch in Enkering: Bis zum Ausbau der Ortsdurchfahrt lag das Gebäude auf einer kleinen Insel zwischen dem Fluss Anlauter und einem Mühlbach. Die Enkeringer badeten im Erdgeschoss des Hauses, und zwar im nördlichen Teil, im Bereich links der Eingangstür. Dort gab es neben einer Heizkammer einen großen und einen kleinen Baderaum, doch hat sich von der Badeeinrichtung leider nichts erhalten. Wegen der hohen Brandgefahr und der erheblichen Wasserdampfbildung beim Baden ist das Enkeringer Badhaus in Bruchstein und nicht in Fachwerk errichtet worden. Aus demselben Grund wurden die Baderäume auch meist mit steinernen Gewölben und nicht mit Holzdecken versehen.

In diesem Haus badeten früher die Einwohner Enkerings.

Dem Badebetrieb stand ein Bader vor, der an festgesetzten Wochentagen einheizte und ein umfassendes »Wellnessprogramm« anbot. Denn zum Baden gehörte auch das Haarewaschen, das Kämmen und Haarschneiden und bei den Männern das Rasieren (»barbieren«). Selbst medizinische Dienstleistungen wie Blutentziehung (schröpfen, zur Ader lassen) oder wundärztliche Behandlungen bot der Bader an. Nicht selten wurden Badbesucher auch mit Speis und Trank bewirtet oder mit Musik unterhalten. Für die zusätzlichen Dienste des Baders standen wohl Räume im Obergeschoss des Enkeringer Badhauses zur Verfügung, denn im Erdgeschoss waren außer den Baderäumen nur noch die Stube und die Küche der Baderfamilie untergebracht. Anzunehmen ist, dass Baderknechte und -mägde den Bader bei seinen Arbeiten unterstützten.

Neben dem Badebetrieb hatte der Enkeringer Bader noch eine zweite Einnahmequelle: die Landwirtschaft. Er war also Bader und Bauer, darauf verweist die Scheune neben dem Haus, die 1744 erbaut wurde und ebenfalls mit Kalkplatten gedeckt ist. Ein mittlerweile abgebrochener Stall befand sich früher an der Rückseite des Bade- und Wohnhauses.

Ungeklärt ist, wie lange das Gebäude als Badehaus in Gebrauch war. Auch wegen der viel beschriebenen Sittenlosigkeit in den Badehäusern verlor das Baden spätestens im 18. Jahrhundert an Bedeutung.

In Enkering wird allerdings noch im frühen 19. Jahrhundert der Haus- und Hofbesitzer Michl Funk als Bader bezeichnet. Mitte der 1990er-Jahre erfolgte eine gründliche und unter denkmalpflegerischen Gesichtspunkten behutsame Sanierung des Gebäudes, das heute als Wohnhaus genutzt wird.

*Herbert May*

Enkering liegt an der Anlauter, einem etwa 30 km langen Nebenflüsschen der bei Kinding in die Altmühl mündenden Schwarzach. Das Badhaus, Hauptstr. 24, befindet sich in der Ortsmitte, neben dem *Landgasthof zum Alten Wirt*. Es ist nur von außen zu besichtigen. Mit dem Auto von der A 9, Ausfahrt Altmühltal, nach Kinding, Ortsteil Enkering. Öffentlich erreichbar vom Stadtbahnhof Eichstätt mit Bus RBA 9224 Richtung Greding/Thalmässing und Bus 9234 Richtung Beilngries/Greding. Beide Busse fahren nur wenige Male am Tag.

Von Ingolstadt aus fährt die Regionalbahn ca. alle 2 Std. binnen 17 Min. nach Kinding. Der Ort befindet sich im Tarifgebiet der INVG, seit 2013 auch des VGN.

In unmittelbarer Nähe führen der Altmühltal-Radweg und der Altmühltal-Panoramaweg vorbei. Das Wahrzeichen des Örtchens ist die Rumburg, eine Burgruine aus dem 14. Jahrhundert, bestehend aus einer Hauptburg und einer durch einen tiefen und breiten Graben abgetrennten Vorburg. Die Rumburg ist mit folgender Sage verbunden: »Auf der Rumburg sitzt ein Pudel, der einen Schlüssel im Maul hat und einen Schatz bewacht. Geht jemand in der Walpurgisnacht auf die Burg, ohne ein Wort zu sagen, kann er den Hund vertreiben. Lässt dieser dabei den Schlüssel fallen, gehören dem Mutigen die ganzen Reichtümer.«

Vom Ort aus führt ein Wanderweg hinauf zum Schlossberg, auf dem die Reste der mittelalterlichen Wehranlage liegen. Nicht weit entfernt sind die Burgen Rundeck (bei Erlingshofen) und Brunneck (bei Altdorf).

# 7 Vom Waldbad zum Weltbad
## Mariabrunn und die »Doktorbäuerin« Amalie Hohenester

Die meisten Besucher von Mariabrunn kommen heute des großen schattigen Biergartens und der guten Brotzeit wegen. Dass das weitläufige Anwesen in den 1860er- und 1870er-Jahren Schauplatz einer glanzvollen Geschichte war, ist weitgehend vergessen.

Begonnen hatte alles mit der wundersamen Heilung eines Holzfällers, der 1662, vom Durst geplagt, aus einer kleinen Quelle trank und daraufhin gesund wurde. Über der Quelle entstand ein Brunnen und weitere »wunderbare Heilungen« ließen nicht lange auf sich warten. Zum Dank erbaute man eine Gnadenkapelle. Auch ein Badhaus entstand für die »fürnehmen als [auch] armen Personen«, die sich in der Folgezeit dorthin zur Kur begaben. Bekannt wurde das Waldbad, als 1808/09 König Max I. Joseph und seine Tochter Ludovica in Mariabrunn Heilung suchten und fanden. Die Krücken Ludovicas stehen noch heute als Beweis in der Kapelle.

Zum »Weltbad« wurde das kleine Kurbad aber erst durch die »Doktorbäuerin« Amalie Hohenester. Wegen ihr kamen Adelige und Reiche aus aller Herren Länder. In Mariabrunn sollen mehr russische, französische und englische Laute zu hören gewesen sein als deutsche. Wer aber war diese Amalie Hohenester?

Am 4. Oktober 1826 wurde Amalie in eine kinderreiche Familie hineingeboren. Die Mutter verstand sich aufs Kräutersammeln und Medizinkochen, Amalie lernte dies schon früh. Es war keine unproblematische Kindheit: Die Mutter war wegen wiederholter Abtreibung am Landgericht Miesbach aktenkundig, ihre Brüder verbüßten mehrjährige Haftstrafen wegen Wilderei und Raub. Mit 14 Jahren saß sie selbst erstmals ein – acht Tage Arrest bei Wasser und Brot wegen »lüderlichen Lebenswandels, Diebstahls und Beleidigung der königlichen Gendarmerie«.

Mit 35 Jahren heiratete sie den Rosshändler Benedikt Hohenester. In ihrer Bauernstube kurierte sie kranke Menschen und erhielt prompt wegen »Kurpfuscherey« vier Tage Arrest. Trotzdem übte sie ihre Heilkunst weiter aus. Bei ihren treffsicheren Diagnosen half der

Porträt von Amalie Hohenester im Vorraum zum Restaurant

»Doktorbäuerin« wohl weniger das Begutachten der Urinproben – das sie geschickt in Szene setzte – als vielmehr Menschenkenntnis, Einfühlungsvermögen und geschicktes Befragen der Patienten. Gegen jede Krankheit war »ein Kraut gewachsen«, das man bei ihr in Form von Tee teuer kaufen konnte.

Ihr Geschäftssinn trug Früchte: 1863 erwarb sie für 28 000 Gulden das inzwischen heruntergekommene Heilbad Mariabrunn. Monatelang wurde renoviert. Dann setzte ein großer Zustrom ein: bis zu 100 Patienten pro Tag! Alle Beschwerden der Ärzteschaft hatten keine Chancen. Ernsthafte Klagen von Patienten konnten nicht erbracht werden, und mittlerweile hatte die Doktorbäuerin einflussreiche Fürsprecher.

Der Kurbetrieb war straff organisiert, alles musste wie am Schnürchen klappen. Der Personalstand wuchs auf etwa 90 Personen an. Es gab ein Badehaus mit 14 Badezimmern, eine Brauerei und etwa 50 Gästezimmer. Die Bauern lieferten jährlich 30 000 Pfund Fleisch und 4 000 Pfund Weißbrot. Pro Jahr flossen 148 Gulden Gewerbesteuer an die Gemeinde Röhrmoos.

Auch ihren Patienten gegenüber trat Amalie energisch auf. Punkt zehn Uhr erschien Madame Hohenester in langem, schwarzseidenem Kleid mit Überwurf, schwarzen Glacéhandschuhen und schwerem Goldschmuck. Ihr herrisches »Du« musste sich jeder ohne Ansehen der Person gefallen lassen. In barschem Ton verlangte sie die Urinfläschchen und stellte dann die »Diagnose«. In Wirklichkeit war sie längst informiert, denn ihre Bediensteten – Kutscher wie Zimmermädchen – hatten die Anweisung, die Neuankömmlinge auszuhorchen. Die Patienten mussten ihre Anordnungen strikt einhalten, sonst hatten sie das Bad zu verlassen.

Auf Druck der Behörden stellte sie schließlich einen »Kurarzt« ein, der eine reine Alibifunktion innehatte. 1869 gelang es dann doch noch, das Bad zu schließen. Der Triumph war kurz: Der Straftatbestand der medizinischen Pfuscherei wurde aus dem Gesetzbuch gestrichen – und das Kurbad wieder eröffnet. Amalies Ruf hatte dieses Intermezzo nicht geschadet, von überallher strömten die Patienten, Mariabrunn wurde zum Weltbad.

Am 24. März 1878 starb Amalie Hohenester an Herzversagen. Begraben ist sie auf dem Friedhof in Ampermoching.

Ihre Erben konnten den Kurbetrieb nicht weiterführen. 1881 kaufte Graf von Rambaldi das Anwesen, seit 1907 ist es im Besitz der Familie Breitling. Neben dem ehemaligen Wohn- und Gästehaus, der heutigen *Schlosswirtschaft Mariabrunn*, erinnern an Amalie Hohenester die (umfunktionierte) Brauerei, der efeuumrankte Brunnen und die tagsüber geöffnete Kapelle sowie einige kleinere Häuschen.

*Ingrid Reuther*

Mariabrunn liegt nördlich von Dachau auf einem Hügel. Der dortige Biergarten zählt zu den schönsten Biergärten Bayerns. Wer ohne Auto unterwegs ist, fährt mit der S 2 bis Röhrmoos oder Hebertshausen und legt von dort ca. 4 km zu Fuß zurück. Der Weg nach Mariabrunn ist größtenteils gesäumt von hochgewachsenen Bäumen, und die Spitze der kleinen Kirche wird schon nach kurzer Zeit sichtbar. Mariabrunn lässt sich ideal einbinden in eine Ganztages-Fahrradtour im Ampertal.

Die *Schlosswirtschaft* ist Mi–Fr von 17.00–24.00, Sa und So von 11.00–24.00 geöffnet. Der Biergarten öffnet tägl. um 11.00 mit dem ersten warmen Tag im Apr und schließt im Sep mit dem Altweibersommer. Wer unsicher ist, kann sich erkundigen unter: Tel. 0 81 39/86 61 oder www.schlosswirtschaft-mariabrunn.de

# 8 Nationalsozialistische Massenhinrichtungsstätte
## Der Schießplatz Hebertshausen

Der ehemalige SS-Schießplatz Hebertshausen ist Teil der KZ-Gedenkstätte Dachau. Freilich finden nur wenige den Weg hier hinaus, nicht zuletzt, weil er mit öffentlichen Verkehrsmitteln kaum zu erreichen ist.

Die Anlage wurde 1937 von KZ-Häftlingen als Schießübungsplatz für die SS errichtet. Vier Jahre später war die Schießstätte Schauplatz grausamer Massenerschießungen an sowjetischen Kriegsgefangenen. Über 4 000 Soldaten wurden hier ermordet.

Kurz nach dem deutschen Überfall auf die Sowjetunion im Juni 1941 ergingen Befehle, alle sowjetischen Kriegsgefangenen auf ihre »weltanschauliche Verträglichkeit« hin zu überprüfen. Als untragbar galten Juden, »sowjetrussische Intelligenzler« (es genügte schon, eine Brille zu tragen), Funktionäre in Partei, Staat und Armee, »Berufsrevolutionäre«, »fanatische Kommunisten« und alle, die »in politischer, krimineller oder sonstiger Hinsicht« aufgefallen waren. Laut der »Haager Landkriegsordnung« stehen Kriegsgefangene unter der Verantwortung und dem Schutz der Armee, die sie gefangen genommen hat, in diesem Fall also der Wehrmacht. Gestapo-Einsatzkommandos suchten die Kriegsgefangenenlager auf und begannen mit der Selektion. Die Wehrmacht »entließ« die als »untragbar« Klassifizierten aus ihrer Obhut und übergab sie den Einsatzkommandos. In der Wehrmacht regte sich kaum Widerstand gegen dieses Verfahren, obwohl bekannt war, was mit den Kriegsgefangenen geschehen sollte: Der Befehl lautete, sie »unauffällig im nächstgelegenen Konzentrationslager« zu exekutieren. Für die Insassen der Kriegsgefangenenlager der Wehrbereichsbezirke München, Stuttgart und Nürnberg war dies das KZ Dachau.

Über ihr weiteres Schicksal gibt es einige wenige Berichte ehemaliger KZ-Häftlinge und anderer Augenzeugen. Im KZ Dachau waren die sowjetischen Kriegsgefangenen in einem abgetrennten Bereich untergebracht. Anfangs wurden sie im KZ erschossen. Als die Zahl der eingelieferten Kriegsgefangenen aber stieg, fuhr man sie auf Lastwagen nach Hebertshausen. Sie mussten sich in der rechten Schießbahn aufstellen und entkleiden. Dann wurden sie in Fünfergruppen im Laufschritt

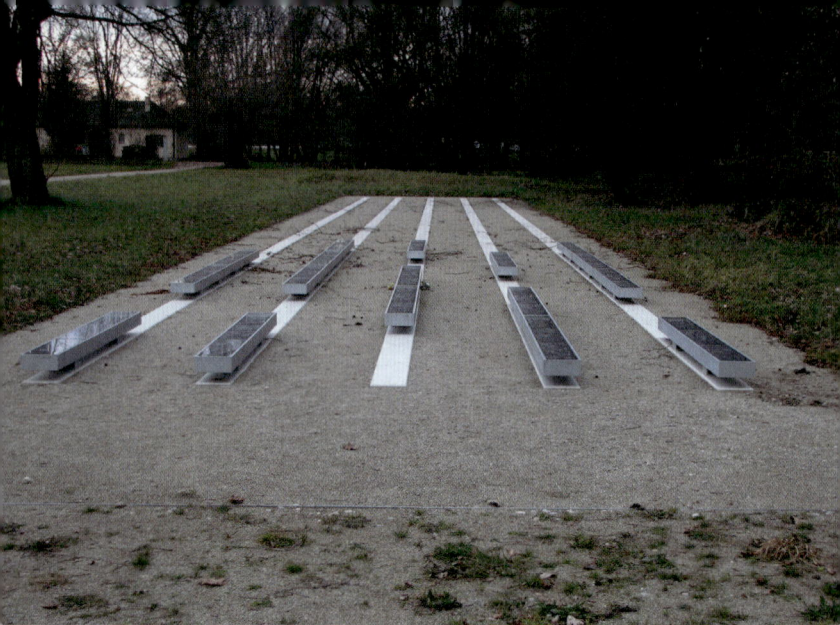

Nationalsozialistische Mordstätte: liegende Glasstelen erinnern namentlich an die Opfer.

hinüber in die linke Schießbahn geführt, mit eisernen Handfesseln an Pfähle gebunden und erschossen. Die Leichen wurden ins Konzentrationslager zurückgebracht und im Krematorium verbrannt.

Insgesamt wurden in Deutschland mindestens 38 000 sowjetische Kriegsgefangene in Konzentrationslagern von der SS ermordet. Lange Zeit waren die Namen der Ermordeten nicht bekannt. Erst in den 1990er-Jahren wurden die Unterlagen über die Soldaten in einem Moskauer Archiv entdeckt. Von jedem Soldat fand sich eine Kennkarte, in der sowohl die Gefangennahme durch die deutsche Wehrmacht als auch die Übergabe an die Gestapo verzeichnet sind. Nur wenige Tage danach wurden die Kriegsgefangenen erschossen.

Es war und ist vor allem bürgerschaftliches Engagement, das die Erinnerung an die Verbrechen wachhält und der Opfer gedenkt. Erst in den letzten Jahren haben staatliche Stellen hier ihre Verantwortung bei der Gestaltung übernommen.

Schon in den sechziger Jahren wurde am Schießplatz Hebertshausen ein Denkmal errichtet. Im vorderen Teil des Geländes sind das ehemalige SS-Wachhaus erhalten, im hinteren Teil die Schießbahnen und der Kugelfang. Zunächst hat man die baufälligen Kugelfänge mit Stahlträgern gesichert. Grabungen des archäologischen Instituts der Universität München in Hebertshausen haben Knochensplitter zutage gefördert und den Verbrechensort eindeutig lokalisiert. 2011 wurden die menschlichen Überreste im Beisein von Geistlichen aller Religionen beigesetzt. Das Gelände ist in einen Friedhof umgestaltet. In auf dem Boden liegenden Glasstelen wird an die jahrzehntelang unbekannten Opfer nun endlich namentlich gedacht. Aber es gibt noch leere Stellen, weil immer noch nicht alle Namen bekannt sind. Eine Ausstellung in deutscher, englischer und russischer Sprache dokumentiert seit 2014 die historischen Ereignisse, stellt einige Biografien von Opfern vor. Täter werden benannt und hervorgehoben wird, dass nur ganz wenige, einzelne Wehrmachtsangehörige gegen die Auslieferung der Gefangenen protestierten.

Bei den jährlichen Feierlichkeiten Anfang Mai zur Erinnerung an die Befreiung des KZ Dachau findet auch eine Gedenkveranstaltung in Hebertshausen statt. Am 22. Juni, zum Jahrestag des deutschen Überfalls auf die Sowjetunion, wird mit einer Gedenkstunde an die Ermordung der Kriegsgefangenen erinnert.

*Eva Strauß*

**INFOS**

Der Schießplatz Hebertshausen ist einer der Gedenkorte im unmittelbaren Umfeld der KZ-Gedenkstätte Dachau. Er ist jederzeit frei zugänglich. Von der KZ-Gedenkstätte liegt der Schießplatz 2 km entfernt: die Alte Römerstr. nach Norden, nach rechts auf die Straße Richtung Deutenhofen, auf die Ausschilderung achten. Öffentlich mit der S 2 bis Dachau, weiter mit dem Bus 726 Richtung Saubachsiedlung zur Gedenkstätte, dann zu Fuß (wie mit dem Auto). Achtung: Teilweise gibt es keinen Gehweg!

Auf dem Weg nach Hebertshausen kommt man auch am ehemaligen »Kräutergarten« vorbei, der 1938 von Häftlingen auf Befehl der SS aufgebaut worden war. Ziel war, Deutschland von der Einfuhr von Medikamenten und Kräutern unabhängig zu machen. Die Arbeitsbedingungen für die Häftlinge waren sehr hart. Da es auf dem Gelände einen Laden gab, in dem die SS Kräuter an die Bevölkerung verkaufen ließ, konnten einzelne Häftlinge heimlich Kontakt zur Zivilbevölkerung aufnehmen. Die Erhaltung und Sanierung der baulichen Überreste wird derzeit diskutiert.

Weitere Informationen zu den Erinnerungsorten in Dachau: KZ-Gedenkstätte Dachau, Alte Römerstr. 75, Tel. 0 81 31/66 99 70, www.kz-gedenkstaette-dachau.de

# 9 Die Frau in der Linde
## Edigna zu Puch

Auf einem Hügel, weithin sichtbar, steht die schöne Kirche St. Sebastian des am Rand von Fürstenfeldbruck gelegenen Stadtteils Puch. Die Häuser reichen den Hügel hinauf bis knapp an die kleine Kirche, deren Turm 39 Meter hoch emporragt. Die letzten Meter bis zur Kirche sind steil, aber das Ziel lohnt die Mühe.

Eine erste Kirche stand hier schon im 8. Jahrhundert, im 15. Jahrhundert erhielt sie ihre heutige Form. Nicht nur die Kirche ist eine echte Sehenswürdigkeit, ein besonderes Naturdenkmal ist auch die 1 000-jährige Linde mitten im Friedhof neben der Kirche.

Ganz ohne Stütze kann sie nicht mehr stehen. Vor Jahren schon musste man die Hohlräume mit einem Mäuerchen ausfüllen. Und trotzdem: Jedes Jahr treibt die Linde wieder Blätter aus und zeigt sich in ihrer ganzen Pracht. Ebenso faszinierend ist die Legende, die sich um die »hohle Linde zu Puch« rankt:

Im Frankreich des 11. Jahrhunderts wächst eine junge Prinzessin heran, Edigna (lat. »die Würdige«). Sie soll die Tochter König Heinrichs I. oder seines Sohnes Philipp gewesen sein. Als sie das heiratsfähige Alter erreicht hat, soll sie, wie damals üblich, gewinnbringend verheiratet werden. Edigna sträubt sich, sie möchte aus Liebe zu Jesus Christus ein jungfräuliches Leben in Armut führen. Als man sie zur Heirat zwingen will, verlässt sie nicht nur ihr Elternhaus, sondern auch ihr Land. Auf einem Ochsenkarren kommt sie in Puch an. Sie hat einen Hahn und eine Glocke dabei. Als die Ochsen stehen bleiben, der Hahn zu krähen beginnt und die Glocke ohne jedes Zutun läutet, weiß sie, hier ist ihre neue Heimat. Sie sieht die Linde und verbringt von da an die nächsten 35 Jahre bis zu ihrem Tod am 26. Februar 1109 in ihrem hohlen Stamm. Sie verehrt Gott durch Gebete, Nachtwachen und Tränen und wirkt segensreich für die Menschen. Nach ihrem Tod fließt Öl aus der Linde, das Heilkraft besitzt, und versiegt, als man damit Handel zu treiben beginnt. Soweit die Legende.

Die Verehrung Edignas in der Bevölkerung begann schon relativ früh. Aber erst 1624 schrieb der Jesuit Matthäus Rader ihre Legende in der »Bavaria sancta« zum ersten Mal nieder. Die selige Edigna ist nicht nur die Patronin zur Wiedererlangung verlorener und gestohlener

Alle Jahre wieder treibt die 1 000-jährige Linde prächtig aus.

Sachen. Die älteste in Puch erhaltene Votivtafel zeigt, dass man sich auf ihre Hilfe in allen Notlagen verlassen hat: Nachdem Anna Zacherlin aus Mammendorf ihr an Ruhr erkranktes Töchterlein zur seligen Edigna »verlobt« hatte, wurde das Kind noch in derselben Nacht gesund.

1654 half Edigna der Witwe Kaiser Ferdinands II., Eleonore, beim Auffinden ihres Schmucks. Diese revanchierte sich mit einer Votivtafel, einem Kelch und zwei Kännchen. Auch Anna, Witwe des Kurfürsten Maximilian I., stiftete der Kirche ein »Behältnis«.

Die Edigna-Legende erfuhr im Laufe der Jahrhunderte Veränderungen. In der Zeit der Aufklärung, die den ausufernden Heiligenkult einzuschränken suchte, wurde »alles Überflüssige hinweggelassen, nur das Praktisch-Lehrreiche ausgehoben und deutlich vorgetragen«. Aber die alte Volksfrömmigkeit ließ sich nicht dauerhaft zurückdrängen. In der Romantik wurde die Legende weiter ausgemalt: Der Grund ihrer Flucht ist nun ihre Weihe an die Jungfrau Maria. Edigna soll schutz- und planlos durch den Wald geirrt sein, als ein Fuhrmann mit Ochsengespann, Hahn und Glocke sie aufnimmt. Das Stehenbleiben der Ochsen, das Krähen des Hahnes und das Läuten der Glocke werden dabei bereits vorausgesagt. In Puch hat sie dann eine Engelerscheinung, und das Öl soll bereits zu ihren Lebzeiten aus der Linde geflossen sein. Letzteres war wohl doch ein wenig dick aufgetragen, die Version konnte sich nicht lange halten.

37

Edigna wird nach wie vor verehrt. In Puch gründete sich ein Edigna-Verein, und seit 1991 kann jeder seine Sorgen und Nöte in ein Anliegenbuch eintragen. 1959 wurde zum ersten Mal das *Edigna-Spiel* (von Franz Wagner) aufgeführt. Seitdem wird das moderne Gelübdespiel, dargestellt von den Bewohnern Puchs, alle zehn Jahre wiederholt. Die letzte Aufführung war 2009.

Die selige Edigna war und ist eine reine Volksheilige. Aus den Quellen ist nicht ersichtlich, dass ihr Kult jemals kirchenamtlich bestätigt wurde, eine Heiligsprechung erfolgte nachweislich nie. Trotzdem wird sie in der Lateran-Universität in Rom als Selige geführt und in manchen Schriften sogar als Heilige.

*Ingrid Reuther*

**INFOS**

Puch ist ein westlicher Stadtteil von Fürstenfeldbruck, zu erreichen mit dem Auto über die B 2, oder öffentlich mit der S 4 nach Fürstenfeldbruck und dann mit Bus 839 bis Puch.
Die Besichtigung der Linde und der Kirche lässt sich ideal verbinden mit einem Abstecher zur Kaisersäule am östlichen Rand von Puch (siehe Fundort 10).

# 10 Mittelalterliche Machtkämpfe
## Ludwig der Bayer: Kaiser und Ketzer

Am östlichen Rand von Puch steht, von drei Straßen eingekeilt, auf einem Grünfleck eine Säule. Sie wurde 1808 im Auftrag von König Max I. Joseph errichtet und erinnert an Kaiser Ludwig IV. den Bayer, eine der bedeutendsten Herrschergestalten in der bayerischen Geschichte. Die Säule markiert in etwa die Stelle, an der der Kaiser am 11. Oktober 1347 während der Bärenjagd, vom Herzschlag getroffen, vom Pferd fiel. Er soll in den Armen eines Bauern, das Gebet »süezze künigin, unser fraue, bis pei meiner schidung« hauchend, gestorben sein.

Weder König- noch Kaisertum fielen Ludwig in den Schoß. Sein Vorgänger, König Heinrich VII. aus dem Hause Luxemburg, war an vergiftetem Wein gestorben. Den luxemburgischen Parteigängern schien der bayerische Herzog Ludwig von Wittelsbach als Nachfolger geeignet, und so wurde er am 20. Oktober 1314 zum neuen König gewählt. Die habsburgische »Konkurrenz« hatte schneller reagiert und bereits einen Tag vorher den Habsburger Friedrich den Schönen zum König erhoben. Doppelte Wahl hieß auch doppelte Krönung. Ludwig wurde in der traditionellen Krönungsstadt Aachen gekrönt – allerdings vom Mainzer und nicht wie üblich vom Kölner Erzbischof. Dieser bediente die Gegenseite: In Bonn setzte er Friedrich die Krone auf. Acht Jahre lang regierten zwei Könige, dann fiel am 28. September 1322 die Entscheidung. Aus der letzten Ritterschlacht der Geschichte – mit Bogenschützen, Speeren, Lanzen – ging Ludwig als Sieger hervor.

Nun trat ein anderer mächtiger Gegner auf den Plan: Papst Johannes XXII. Als Ludwig – mit Recht – die Kaiserkrone forderte, verweigerte der Papst kategorisch die Krönung. Mehr noch: Er erkannte Ludwigs Königtum nicht an. Es kam zu einem erbitterten Schlagabtausch, in dessen Verlauf der Papst über Ludwig den Bann verhängte. Der Kaiser beschuldigte den Papst wegen dessen Politik dem Bettelorden der Franziskaner gegenüber der Ketzerei. Päpstliche Antwort: die Exkommunikation Ludwigs.

Die Chronisten der Reichsstädte bescheinigten Ludwig Bescheidenheit, Güte und Friedlichkeit, die Geistlichkeit stellte Hartnäckigkeit, Streitsucht und Stolz fest. Tatsache ist, dass er sich über Bann und Exkommunikation hinwegsetzte und 1327 nach Rom zog. In Abwesenheit

Denkmal für einen Gebannten: die Kaisersäule bei Puch

des Papstes – er residierte zu dieser Zeit in Avignon – ließ er sich vom Stadtpräfekten am 17. Januar 1328 im Petersdom zum Kaiser krönen. Johannes enthob er wegen Häresie des Amtes und legte gesetzlich fest, dass jeder Papst in Rom zu residieren hatte. Zugleich ernannte er einen eigenen Papst: Nikolaus V., einen Franziskaner. Johannes XXII., den auch Theologen als Ketzer bezeichneten, rief zum heiligen Krieg gegen den Kaiser auf. Acht Monate später wurden Ludwig und Nikolaus gewaltsam aus Rom vertrieben.

In Deutschland erkannte man Ludwig trotz der ungewöhnlichen Krönung als Kaiser an. Die Kurfürsten standen hinter ihm und untersagten 1338 dem Papst jegliche Einflussnahme auf die deutsche Königswahl. Ludwig festigte seine Position als Reichsoberhaupt, indem er den Klöstern reiche Privilegien verlieh und dafür sorgte, dass die Domkapitel treue kaiserliche Parteigänger zu Bischöfen wählten. Er förderte die finanzkräftigen Reichsstädte und bemühte sich um die Bewahrung des Landfriedens, was besonders dem Handel zugute kam. In fast allen Teilen des Reiches gewann er Autorität. Reichsstädte, Bischöfe und Reichsritter waren seine treuesten Anhänger. Auch als bayrischer Landesherr war er erfolgreich: 1323 gewann er die Mark Brandenburg dazu, 1342 Tirol, 1346 Holland, Seeland, Friesland und Hennegau.

Aufgrund dieser Territorialpolitik formierte sich eine Gegnerschaft. Luxemburger und Habsburger fühlten sich übervorteilt. Zusammen mit dem »zutiefst verletzten Papsttum« schafften sie es, an Ludwigs Königsthron zu rütteln: Die Reichsfürsten erfüllten die alte Forderung des Papstes und wählten im Juli 1346 Karl IV. zum König. Nur der plötzliche Tod Ludwigs verhinderte einen Kriegszug. Alle späteren Versuche der Wittelsbacher, den Thron zu besteigen, scheiterten. Ein kurzes Zwischenspiel im 18. Jahrhundert (Kaiser Karl VII., 1742–1745) brachte nur ein Ergebnis: die Besetzung Bayerns durch die Österreicher.

Papst Johannes XXII. gab dem Kaiser einst den abwertend gemeinten Beinamen »Ludovicus Bavarus«, ohne Nennung der königlichen oder kaiserlichen Attribute. Unter dem Namen »Ludwig der Bayer« ging der Kaiser denn auch in die Geschichte ein.

*Ingrid Reuther*

**INFOS**

Die Kaisersäule befindet sich am Ortsrand von Puch, dem westlichen Stadtteil Fürstenfeldbrucks. Mit dem Auto zu erreichen über die B 2; öffentlich mit der S 4 nach Fürstenfeldbruck, dann mit dem Bus 838 Richtung Tegernbach bis Haltestelle Kaisersäule.
Die Besichtigung der Kaisersäule lässt sich gut mit einem Abstecher zur Edigna-Linde neben der Kirche St. Sebastian in der Ortsmitte von Puch verbinden (siehe Fundort 9).

Die Bayerische Landesausstellung 2014 befasste sich mit Kaiser Ludwig IV. Auf der Homepage des Hauses der Bayerischen Geschichte (www.hdbg.de) findet sich auch eine Karte mit Orten, an denen an ihn erinnert wird.

Ludwig der Bayer fand in der Münchner Frauenkirche (Dom zu Unserer Lieben Frau) seine letzte Ruhestätte. Ein mächtiges Grabdenkmal, 1622 von Hans Krumper fertiggestellt, erinnert an den Kaiser. Sein Herz allerdings wurde im Kloster Fürstenfeld, dem ehemaligen Hauskloster der Wittelsbacher, beigesetzt. In der Klosterkirche befindet sich auch eine Kaiserstatue des Rokokobildhauers Roman Anton Boos.

# 11 Industriegebiet der Antike
## Der römische Ziegelbrennofen in Germering

Der Ausbau eines Naherholungsgebietes brachte es an den Tag: In römischer Zeit befanden sich in Germering und Unterpfaffenhofen nicht nur Gutshöfe (villa rustica), sondern es gab auch ein gewerbliches Gebiet mit Öfen zur Herstellung von Baukeramik und Töpferware. Beim Bau eines Radweges zum Germeringer See stieß man 1998 auf ein zwei Meter breites, quer durch die Trasse laufendes Band von verziegeltem, rotem Lehm. Bei den sogleich durchgeführten Grabungsarbeiten konnten insgesamt 100 Objekte geborgen werden. Ein Brunnen, Pfosten und mehrere Holzgebäude wurden aufgedeckt. Das Besondere aber waren fünf römische Brennöfen. Drei davon dienten zur Herstellung von Gebrauchsgeschirr. Die beiden anderen bildeten eine Doppelanlage, sie standen im rechten Winkel zueinander. In diesen unterschiedlich großen, birnenförmigen Öfen wurden Ziegel und Baukeramik gebrannt. Der größere mit einem Ausmaß von vier mal fünf Metern ist nun in einer Glasvitrine am Straßenrand zu sehen. Übrigens wurden die Ausstellungsstücke »chemisch behandelt« – mit einem Steinfestiger, der den Ziegeln und dem verziegelten Lehm wieder ihre ursprüngliche Farbe zurückgab.

Der kuppelförmige Aufbau des Ofens ist verloren gegangen. Die Humusschicht des darüber liegenden Bodens war zu dünn und bot nicht ausreichend Schutz vor den Pflugscharen. Es wird vermutet, dass die Öfen zu einem größeren Töpferei- und Ziegeleibezirk gehörten. Im Umkreis fanden sich zudem Brennhilfen, Fehlbrände und Keramikscherben. Man datiert die Öfen auf die Zeit um 160 n. Chr. Rohstoff für die Ziegelei gab es ganz in der Nähe. Der Parsberg besteht aus früheiszeitlichen Verwitterungslehmen und ist von würmeiszeitlichem Löss überdeckt. Die Archäologen schlussfolgern, dass hier eine gewerbliche Produktionsstätte für Bauziegel eingerichtet worden war.

Der Ziegelbrennofen ist sicherlich ein eindrucksvolles archäologisches Objekt, aber keineswegs das einzige in Germering. So sind seit den 1990er-Jahren eine ganze Reihe von Funden gehoben worden: Gräber aus den unterschiedlichen Epochen der Bronzezeit (etwa

Blick in die Vitrine mit dem römischen Ziegelbrennofen

2200/2000–800 v. Chr.) und ein Brunnen aus der Urnenfelderzeit mit Opferfunden (etwa 1200 v. Chr.). Tierknochenfunde belegen, dass neben Rindern auch Schweine, Schafe, Ziegen und Pferde gehalten wurden. Die Funde umfassen eine große Zeitspanne, sie reichen bis in das siebte nachchristliche Jahrhundert. Bemerkenswert ist ein Frauengrab mit außergewöhnlichen Grabbeigaben aus der Zeit um 400 n. Chr. Ihr Schmuck sowie ihre Knochen, welche von der Anthropologischen

Staatssammlung untersucht worden sind, weisen darauf hin, dass die Frau nicht aus der hiesigen Gegend stammte, sondern aus den östlichen Grenzgebieten des Römischen Reiches.

Die Stadt Germering präsentiert die Funde seit Herbst 2014 in einer Dauerausstellung im ehemaligen Feuerwehrhaus, dem Museum Zeit+Raum. An verschiedenen Fundorten im Ort sind zwei Quadratmeter große Glaswürfel mit Nachbildungen der Fundstücke sowie Informationen zu archäologischen Epochen aufgestellt.

Germering wurde zwar »erst« 948 urkundlich erwähnt, doch die Besiedlung reicht — mit Unterbrechungen — sehr viel weiter zurück.

*Eva Strauß*

**INFOS**

Germering liegt südwestlich von München; der Ziegelbrennofen befindet sich am Ortsrand von Germering, an der Straße Richtung Alling. Öffentlich erreichbar ist der Ziegelbrennofen mit der S-Bahn nach Germering, von dort am besten mit dem Fahrrad. Der Radweg zum Germeringer See Richtung Alling ist ausgeschildert.

Das Museum Zeit+Raum, Domonter Str. 2, hat jeden So von 10.00–16.00 geöffnet und wird von engagierten Bürgerinnen und Bürger getragen (www.museumsverein-germering.de). An den einzelnen Grabungsstellen stehen Glasvitrinen und Informationstafeln mit Funden aus der Urnenfelderzeit und der Römerzeit (an der Augsburger Str.) und mit Funden aus der Steinzeit (am Krautgartenweg). Ein Faltblatt mit einer Fahrradtour zu den Glasvitrinen und Ausgrabungsstellen in Germering ist in Vorbereitung (Stand: Mai 2015). Angeknüpft werden soll an schon bestehende archäologische, 10–15 km lange Wander- oder Radtouren der Nachbargemeinde Gilching. Informationen im Internet unter: www.zeitreise-gilching.de

# 12 Bayerns berühmtester Schwarzbau
## Die Ost-West-Friedenskirche in München

Mai 1945. Der Zweite Weltkrieg war zu Ende. München lag in Schutt und Asche. Gerade in den beiden letzten Kriegsjahren war die Stadt massiv bombardiert worden. Jetzt hieß es aufräumen. Drei große Schutthalden waren als »Endlagerstätten« der Trümmerbeseitigung vorgesehen, eine davon auf dem Oberwiesenfeld. 2,2 Millionen Kubikmeter Schutt wurden dort von 1947 bis 1951 abgeladen. Danach blieb die Schutthalde Oberwiesenfeld als einzige in Betrieb. Den Schuttberg hatte man zu einer halbrunden Anlage aufgeschüttet mit dem langfristigen Ziel, das dadurch entstehende Oval später als Tribünenfundament eines Großstadions zu nutzen.

1964 beschloss der Stadtrat auf dem Gelände den Bau eines 290 Meter hohen Fernsehturms. Zwei Jahre später entschied das IOC, die Olympischen Spiele in München auszutragen. Das brachliegende Areal um den entstehenden Fernsehturm eignete sich hervorragend als Austragungsort. Die olympischen Sportstätten und das berühmte Zeltdach aus Glas und Stahl, das die Schuttberghügel nachzeichnet, entstanden. Aus dem schlichten Fernsehturm wurde der »Olympiaturm«, das Gelände zum »Olympiapark«. Und erst da wurde man auf ein kleines skurriles Bauwerk inmitten eines verwilderten Gartens und auf seine nicht minder skurrilen Bewohner aufmerksam ...

Unbeachtet von der Öffentlichkeit hatte sich 1952 am Fuße des Schuttberges ein Russe niedergelassen. Damals hieß er noch schlicht Timofej Prochorow, laut seiner sibirischen Geburtsurkunde geboren am 22. Januar 1894. Er erzählte, er wäre während des Krieges 1943 mit seinem Pferdewagen unterwegs gewesen, um Kohlen für sein Heimatdorf zu besorgen. Auf dem Weg konfiszierten österreichische Soldaten sein Fuhrwerk. Timofej ging zu Fuß in sein Dorf zurück – da erschien ihm die Jungfrau Maria und riet ihm, er solle nach Westen gehen und dort eine Ost-West-Friedenskirche bauen. Um seine Ehefrau und die beiden Töchter würde sie sich kümmern. Timofej ging also ins Lager der österreichischen Soldaten und schließlich mit ihnen zurück nach

Steht in einem malerischen Garten: die Ost-West-Friedenskirche

Wien. Dort fand er die Russin Natascha. Gemeinsam zogen sie nach München und ließen sich neben dem Schuttberg nieder, der ihnen alles lieferte, was sie brauchten: Ziegel, Bretter, Fensterrahmen, Türen. Ein paar Fotos, ausgestellt im »Museum«, dem ursprünglichen ersten »Wohnhaus«, belegen, wie mühsam die Baustoffbeschaffung war. Neben dem ersten Häuschen entstand so auf dem kleinen Hügel daneben eine Kapelle. Als eines Nachts der Erzengel Michael von diesem Hügel(chen) aus zu 1000 (!) Menschen sprach, war Timofej sofort klar, dass diese Kapelle dem Erzengel gewidmet werden muss. Einige Zeit später bauten beide ein zweites Häuschen, in das Timofej einzog. Natascha, die, wie er stets behauptete, nur seine »Schwester« oder »Betschwester« war, blieb in dem ersten Häuschen wohnen.

Dann begannen sie, die Ost-West-Friedenskirche zu bauen. Es ist ein eigentümliches Bauwerk mit zwei Türmchen und fünf Kreuzen. Skurril und schrullig ist es vor allem innen: Alles, was irgendwie mit Glauben, ob orthodox oder katholisch, verbunden werden kann, ist hier zusammengetragen. Bilder, Figuren, Plastikblumen und Ketten schmücken Tischchen, Lampen und Wände. Auf dem Boden liegen verschiedene abgetretene Teppiche, die Decke besteht aus aneinandergefügter und irgendwie befestigter Aluminiumfolie. Es ist Kitsch, keine Frage, und trotzdem – oder gerade deshalb – betrachtet man erstaunt und in gewisser Weise fasziniert dieses penibel zusammengetragene Sammelsurium. Prochorow, der sich nun »Väterchen Timofej«

nannte, war nach eigener Aussage weder ein Orthodoxer noch ein Katholik. Und, wie das Olympia-Organisationskomitee feststellte, war er »weder Mönch noch Priester noch geweiht«. Das Komitee hatte Erkundigungen eingezogen, denn eigentlich sollte seine Behausung der olympischen Reitbahn weichen. Aber die Presse berichtete über Timofej, und er hatte die Sympathien der Münchner. Da es heitere Spiele werden sollten, passte eine Vertreibung nicht ins Konzept. Als auch Günter Behnisch, der Olympiaarchitekt, zu den Timofej-Bauten meinte, »das bleibt alles hier, darum ist es zu schade«, verlegte man kurzerhand die Reitbahn.

Probleme bekam Timofej nochmals, als er 1973 doch noch seine Natascha heiratete. Man ermittelte gegen ihn wegen Bigamie, er war ja immer noch in Russland verheiratet. Aber offensichtlich sah man ihm auch das nach, jedenfalls hatte es für ihn keine Konsequenzen. Natascha starb vier Jahre nach der Trauung.

Im Dezember 2001 musste Timofej aus gesundheitlichen Gründen ins Altenheim verlegt werden. Dort starb er am 13. Juli 2004 im Alter von — wenn die Geburtsurkunde stimmt — 110 Jahren. Auf seinen Wunsch hin wurde der Verein »Stiftung Ost-West-Friedenskirche« gegründet, der sich nach wie vor um die Erhaltung dieses einzigartigen Denkmals der Nachkriegszeit kümmert.

*Ingrid Reuther*

INFOS

Der Garten Timofejs liegt in der Südwestecke des Olympiaparks zwischen Leonrodplatz und Schwere-Reiter-Str. und ist mit öffentlichen Verkehrsmitteln gut zu erreichen: Mit Straßenbahn 20 oder 21 bis Haltestelle Leonrodplatz oder Goetheinstitut, mit Straßenbahn 12 oder Bus 53 bis Haltestelle Leonrodplatz oder Infanteriestraße. Der Garten mit Ost-West-Friedenskirche, Erzengel-Michael-Kapelle und Museum ist tägl. geöffnet, ohne Angabe von Uhrzeiten. Wenn man nicht gerade mit dem ersten oder letzten Sonnenstrahl kommt, wird man das Eingangstor sicher nicht verschlossen finden.

Der Olympiapark bietet eine Vielzahl an Unternehmungen. Besonders schön ist der Weg auf den Olympiaberg, der rund 100 m von Timofejs Grundstück entfernt beginnt und 50 Höhenmeter misst. Bei günstigen Wetterverhältnissen — vor allem beim berühmt-berüchtigten Münchner Föhn – sieht man vom Gipfel das gesamte Alpenpanorama.

Noch beeindruckender ist der Blick vom Olympiaturm über die Stadt und in die Alpenkette. Täglich von 9.00–24.00 geöffnet, letzte Auffahrt um 23.30. Ein besonderes Erlebnis ist das Dreh-restaurant in 181 m Höhe. Eine weitere, offene Plattform befindet sich in 189 m Höhe.

Ein bisschen Mut gehört vielleicht dazu, wenn man sich auf die Zeltdach-Tour begibt. Mit Seil und Karabiner gesichert, ist man dort mit einem Rundgangsleiter 120 Min. unterwegs. Informationen per E-Mail unter: besucherservice@olympiapark.de

Informationen über das gesamte Angebot des Olympiaparks unter: www.olympiapark.de und www.muenchen.de

# 13 »Ein Lieblingsplatz der intelligenten Bevölkerung«
## Münchens erster zoologischer Garten und das Benedikttürmchen

»München hat nun einen Thiergarten ganz eigener Art erhalten, es hat einen neuen Vergnügungsort gewonnen, der allgemeine Anerkennung verdient, denn er verbindet Belehrung und Unterhaltung, wie keiner in der ganzen Stadt, und wird mit Recht ein Lieblingsplatz der intelligenten Bevölkerung werden.« So pries die Münchner Presse 1863 ein waghalsiges Unternehmen, an das heute nur noch ein zwei Meter hoher Turmrest am Ufer des Schwabinger Baches im Englischen Garten erinnert.

Drei Jahre lang, von 1863 bis 1866, war hier der erste zoologische Garten Münchens, lange vor dem 1911 eröffneten Tierpark Hellabrunn. Gründer des ersten Zoos war der Münchner Benedikt Benedikt. Geboren 1819 in München als Sohn eines reichen Bierwirtes, war er zunächst als Buchhalter, dann im Großhandel und nach seiner Heirat als Drahtstiftfabrikant tätig. Zeitweise bekleidete er zudem das Amt eines Magistratsrates der Stadt München.

Zoologische Gärten waren in Deutschland Mitte des 19. Jahrhunderts in Mode gekommen, finanziert wurden sie von eigens gegründeten Aktiengesellschaften. In München scheiterte die Gründung einer Aktiengesellschaft und so musste Benedikt sein Vorhaben in privater Regie betreiben. Er kaufte ein Gelände am Englischen Garten, ließ Wirtschaftsgebäude errichten, kaufte Tiere und erhielt auch Tierspenden. Als Direktor wurde ein berühmter Wiener Zoologe eingesetzt. Damit sollte dem wissenschaftlichen und belehrenden Charakter eines Zoos Tribut gezollt werden. Benedikts Zoo war relativ klein, nur sechs Fußballfelder groß. Man hielt vor allem solche Tiere, die das Münchner Klima vertrugen.

Es gab einen Weiher mit Stelz- und Schwimmvögeln, ein Fasanen-, Hühner- und Taubenhaus. In einer weiteren Voliere wurden Strauße gehalten. Die ruinenähnlich geformte Eulenburg diente als Brut- und Nistplatz für Nachtvögel und kleinere Greifvögel. Im Raubtierhaus lebten nur wenige Tiere, denn Raubtiere waren teuer.

Das »Benedikttümchen« war einst Bestandteil des ersten Münchner Tierparks.

Also gab es einheimische Tiere zu sehen: Wolf, Fuchs, Marder, Dachs, Nasenbären, kleinere Raubkatzen. Im Kamelhaus waren Lamas, Ziegen, Schweine, Hirsche, Schafe und ein Yak untergebracht. In Planung waren ein Affenhaus, Löwen- und ein Bärenzwinger. Die attraktivsten Tiere – Elefanten, Nashörner, Giraffen und Großkatzen – fehlten in Benedikts Zoo.

Natürlich hoffte Benedikt, durch die Eintrittsgelder seine Unkosten decken zu können, wie dies andernorts auch möglich war. Doch schon nach drei Jahren ging das Unternehmen pleite. Der Garten wurde zwangsversteigert. Da sich lange kein Käufer fand, musste die Stadt München, die für Benedikt bei der Bank gebürgt hatte, das Anwesen selbst kaufen. Gründe für das Scheitern des ersten Zooprojekts waren neben dem Fehlen attraktiver Tiere die relativ hohe Sterblichkeit. Während des Winters verlor man jeweils bis zu einem Drittel des Bestandes. Hinzu kam ein gewisser Dilettantismus in der Anlage der Bauten, die auch der Direktor des Zoos bemängelte. Nicht zuletzt aber fehlte die finanzielle Unterstützung durch die Stadt, das Land und die Krone.

Benedikt lebte noch zwei Jahre, bis 1868, auf dem Gelände seines Zoos und zog dann nach Rosenheim. Anfang 1869 pachteten die Besitzer des populären Zoologischen Museums in München das Gelände und verlegten ihre Ausstellung hierher. Aber auch dieses Unternehmen war nur ein kurzes Intermezzo. Bereits 1872 hatte das Gelände einen neuen Pächter, Joseph Hermann. Er erweiterte den Zoo um Vergnügungsstätten, ließ Seiltänzer und andere Artisten auftreten. Noch im selben Jahr konnte die Stadt das Areal endlich zur privaten Nutzung an die Familie Rosipal verkaufen. Das 1823 errichtete Maillot-Schlösschen war in der Tierpark-Ära zum Restaurant umgebaut worden und erhielt nun den Namen Rosipalvilla. Sie wurde im Zweiten Weltkrieg zerstört. Danach übernahm die Allianz-Versicherung das Gelände und bebaute es. In den frühen fünfziger Jahren stiftete die Versicherung das westliche Ufergelände des Schwabinger Baches mitsamt dem Benedikttürmchen, dem letzten Überbleibsel der ehemaligen Eulenburg, dem Englischen Garten.

*Eva Strauß*

INFOS

Das Benedikttürmchen liegt am Professor-Rudolf-Esterer-Weg im Englischen Garten in München. Rasch erreichbar ist es über die U-Bahnstation Giselastraße, Ausgang Giselastr., über die Ohmstr. in den Englischen Garten. Am Parkeingang noch vor dem Schwabinger Bach auf den Professor-Rudolf-Esterer-Weg nach links einbiegen, circa 100 m entfernt steht das Türmchen. Der Englische Garten selbst lädt zu ausgedehnten Spaziergängen ein, und der Biergarten *Chinesischer Turm* ist nicht allzu weit entfernt.

# 14 Der unbekannte Karl Valentin »Heimatlos und zigarettenlos in Planegg«

Die verzweifelten Telefonversuche des Buchbinders Wanninger, der Firmling, dem der geliehene Anzug passt, der Disput zwischen Kapellmeister und Musiker über die Frage, was ein Zufall ist – jeder kennt Karl Valentin, aber kennt man ihn wirklich? Unbekannt ist vor allem sein Weg nach 1941. Doch es gibt Spuren: in Planegg im Würmtal, südwestlich von München.

Valentin Ludwig Fey, geboren 1882 in der Münchner Vorstadt Au, trat bereits mit 18 Jahren als Humorist auf. Die große Karriere begann 1914 mit Liesl Karlstadt als Partnerin. Ab den zwanziger Jahren waren sie ein gefeiertes Komikerpaar, die Bühnen rissen sich um sie, die Gagen flossen reichlich.

1924 kaufte Valentin in Planegg in der Georgenstraße 2 ein Haus. »I hab des nur wegen mei'm Bobsi kauft, es hat nämlich vier Ecken«. Bobsi, das war Valentins heißgeliebter Foxterrier. Ihm las er Briefe vor, ihm wollte er im Garten das »Baumnaufklettern« beibringen – ein sinnloses Unterfangen. Wegen Bobsi wollte er auswärtige Engagements nicht annehmen, denn »i konn mein Hund ned so lang alloa lass'n!«. Das Landhaus war für viele Jahre sein Feriendomizil. Fester Wohnsitz Valentins zusammen mit seiner Familie war eine große Wohnung am Mariannenplatz 4 im Münchner Stadtteil Lehel.

Der Zweite Weltkrieg veränderte sein Leben radikal. 1941 mochte er nicht mehr auf der Bühne stehen: »Es is a Schand, mia dean dahoam Kasperlspuin und drauß'n verlier'n d' Leit eahna Leb'n. Schluß is – aus is – i konn nimma«. Die Familie zog nach Planegg. Er selbst wohnte noch zwei Jahre im *Schlosshotel Grünwald* gegenüber der Grünwälder Burg, wegen »Recherchearbeiten für einen Ritterfilm«. Ein anderer Grund mag gewesen sein, dass die Familie zwar Geborgenheit bot, ihn das Familienleben aber auch einengte.

Als Rückzugsort in Planegg diente ihm seine Werkstatt, die er vor »Einbrechern« durch eine valentineske Warnanlage schützte: Auf einem Hocker in der Küche stand ein Eimer, von diesem führte ein Seil durch ein in die Küchenmauer geschlagenes Loch (!) zur Türklinke

Denkmal am Planegger Marktplatz: Der trompetende »Spritzbrunnenaufdreher«

der Werkstatt. Beim Öffnen der Werkstatt wäre der Eimer vom Hocker gerissen worden und hätte die Hausbewohner geweckt. Valentin, gelernter Schreiner, fertigte Kochlöffel, Fleischbretter und Kartoffelstampfer, Schatullen, Schränke, Stühle und Tische. Dass er durch den Verkauf von Kochlöffeln seinen Lebensunterhalt bestreiten musste, ist allerdings ein Märchen.

Doch die finanzielle Lage der Familie war sehr angespannt. Von 1942 bis Kriegsende war Valentin gezwungen, Artikel für das Propagandablatt »Münchner Feldpost« zu schreiben. Dabei schätzte er die Nationalsozialisten keineswegs. Erstaunlicherweise gingen seine Texte, obwohl nicht parteikonform und oft eindeutig pazifistisch, unzensiert in Druck. Vermutlich nahm man ihn nicht ernst. Genauso wenig wie seine Lichtbildanzeige von 1942: »Versetzung von Grenzpfählen übernimmt Großdeutschland.« Oder die Bemerkung: »Kennen S' die längste Straß' Münchens? Des is die Dachauerstraß'. Da san scho vui nausgfahrn, aber nia mehr zruckkemma.«

Während des Krieges war Valentin oft in München und musste mit ansehen, wie seine geliebte Stadt in Schutt und Asche gebombt wurde. 1944 brannte auch die Wohnung im Lehel aus, die Rückkehr in die Stadt war damit versperrt.

Sein Wohnungsgesuch an die Stadtverwaltung gleich nach Kriegsende verlief negativ, trotz seines Hinweises, er lebe »im Ausland,

Planegg«, sei »nicht mehr Komiker, sondern Scherenschleifer« und sehe sein »liebes München nur noch vom Hausdach mit dem Operngucker« aus. »Heimatlos und zigarettenlos« musste er in Planegg ausharren. Auch seine Bemühungen um Auftritte bei Rundfunk oder Bühne waren erfolglos. Enttäuschung folgte auf Enttäuschung. Voll Bitterkeit schrieb er dem Volksmusiksammler Kiem Pauli über die Bayern und speziell die Münchner: »Alle anderen – mit Ausnahme der Eskimos und Indianer – haben mehr Interesse an mir als meine Landsleute.« Am 9. Februar 1948 starb Karl Valentin, körperlich und seelisch ausgezehrt, an einer nicht auskurierten Lungenentzündung.

Seit 1982 steht auf dem Planegger Marktplatz ein gelungenes Valentindenkmal, das ihn als den »Spritzbrunnenaufdreher« aus einem seiner Stücke zeigt. An seinem Haus wurde 1969 eine Gedenktafel angebracht.

*Ingrid Reuther*

**INFOS**

Planegg liegt zwischen München und Starnberg. Öffentlich zu erreichen ist Planegg mit der S 6, vom Bahnhof aus sind es etwa 10 Gehminuten bis zum Marktplatz in der Ortsmitte.

Zu besichtigen sind neben dem Valentindenkmal das Haus in der Georgenstr. 2, wenn auch nur von außen, und sein Grab auf dem Waldfriedhof in der Germeringer Str.

Valentins Enkelin Anneliese Kühn, die das Haus in der Georgenstr. bewohnte, starb am 22. August 2014. Ihre Erinnerungen *Mein Opa Karl Valentin* erschienen 2008. Am Tag seines 125-jährigen Geburtstags am 4. Juni 2007 gründete sich in Planegg eine Karl-Valentin-Gesellschaft, die sein geistiges Erbe lebendig erhalten will. Über Karl Valentin gibt es zahlreiche Bücher (weitere Informationen im Internet unter: www.karl-valentin.de).

Ein 10-minütiger Spaziergang vom Bahnhof aus Richtung Wald führt zu einem weiteren Ausflugsziel in Planegg: Beschaulich hinter alten Eichen, Linden und Fichten versteckt sich das Augustinerkloster Maria Eich mit seiner Wallfahrtskirche. Die Gnadenkapelle daneben birgt das mythenumrankte »Frauerl von der Aichen«, eine 30 Zentimeter große Loretto-Marienstatue, und wurde schon im frühen 18. Jahrhundert das Ziel von Marienwallfahrten. Informationen unter www.maria-eich.de

# 15 Schafzüchters Grabstein
## Römische Spuren in Epfach

Das kleine Häuschen schmückt außen ein Relief: Es zeigt einen Hirten in römischer Tracht mit einem Lamm auf dem Arm, einen Baum und rechts davon vier Schafe. Vermutlich handelt es sich um den Grabstein eines begüterten Schafzüchters. Das einräumige Gebäude ist ein Hinweis auf die römische Vergangenheit des Dorfes Abodiacum – Epfach. Neben Kleinfunden, Keramikscherben, Münzen, Pfeilspitzen, sind im Museum Abodiacum Modellbauten der römischen Besiedlung zu sehen. Einen berühmten Sohn hat Abodiacum auch hervorgebracht, den Prokurator Claudius Paternus Clementianus, geboren um 65 n. Chr. und keltischer Abstammung. Von seinem Vater hatte er das römische Bürgerrecht geerbt und konnte deshalb in der römischen Armee Karriere machen. Er kam weit herum im römischen Imperium. Nach Statthaltertätigkeiten in Ungarn und Rumänien war er in Judäa Verwalter der kaiserlichen Kasse, auch in Sardinien und Nordafrika war er engagiert, bis er schließlich im Jahr 125 Prokurator der Provinz Noricum (ungefähr das heutige Südostbayern und Österreich südlich der Donau) wurde. Seinen Lebensabend verbrachte er in Abodiacum, wo er auch starb.

Vom Museum führt ein ausgeschilderter Weg zu einem römischen Brunnenhaus und schließlich hinüber zum Lorenzberg, dem militärischen Stützpunkt der Römer.

Wie und warum kamen die Römer nach Epfach?

Die Adoptivsöhne von Augustus, Drusus und Tiberius, zogen 15 v. Chr. über die Alpen und besetzten das Alpenvorland. Zur Sicherung wurden Militärstützpunkte angelegt. Epfach lag günstig: einerseits an der Nord-Süd-Verbindung, die dann unter Kaiser Claudius um das Jahr 46 n. Chr. zur Staatsstraße (Via Claudia Augusta) ausgebaut wurde, zum anderen an der alten Salzstraße, die von Ost nach West, von Salzburg nach Bregenz führte. Außerdem konnte hier der Lech relativ mühelos überquert werden.

Zunächst richteten die Römer auf dem Lorenzberg eine Militärstation ein. Nachdem das Gebiet gesichert war, gab man den militärischen Stützpunkt um 50 n. Chr. auf. Gleichzeitig entstand die Siedlung gegenüber dem Lorenzberg auf dem heutigen Dorfgrund. Händler und

Der Schafhalterstein ist nur einer der Hinweise auf die römische Vergangenheit Epfachs.

Handwerker ließen sich nieder. Die Siedlung erlebte ihre Blütezeit zu Lebzeiten des Claudius Paternus. Aber schon im 3. Jahrhundert fielen die Alemannen ein und zerstörten die Siedlung. Erst einige Jahrzehnte später lassen sich wieder Siedlungsspuren feststellen. Das ehemalige Dorf allerdings blieb verlassen, der Lorenzberg wurde nun zivil besiedelt. Aus Angst vor den Alemannen umgab man ihn mit einem Schutzwall. Die Alemannen hat das wenig beeindruckt – Mitte des 4. Jahrhunderts zerstörten sie abermals die Befestigung am Lorenzberg. Die Bewohner bauten zwar den Berg und auch die ehemalige Siedlung wieder auf, doch die Tage der römischen Herrschaft waren gezählt. Die letzten römischen Truppen verließen 388 den Lorenzberg.

Erst Mitte des 18. Jahrhunderts wurden Gelehrte wieder auf das römische Erbe des Ortes aufmerksam. 1830 führte ein Privatmann, der Schongauer Landrichter Lorenz Boxler, hier die erste systematische Ausgrabung eines Römerortes in Bayern durch und legte die Befestigungsmauer um den Lorenzberg frei. König Ludwig I., dessen Gesetzgebung die Fundamente für den Denkmalschutz legte, war mit den Grabungen sehr zufrieden. Als es aber ums Bezahlen ging und der Landrichter um Zuschüsse bat, kniff der für die Antike schwärmende König und erlaubte den Verkauf der Steine an einen Augsburger Sägmüller. »Mit hastiger Gewinnsucht suchte man recht viel brauchbare Bau- und Brennsteine zu erhalten, ohne alle Rücksicht auf Artistik«, stellte Boxler enttäuscht fest. Vieles wurde noch in Museen nach

Augsburg und München gebracht, dem bayerischen Staat ging jedoch wertvollstes Fundmaterial für immer verloren. Einige Spuren sind geblieben, vor allem aber sind die eindrucksvolle topografische Situation von Dorf und Militärstützpunkt am besten vor Ort zu erleben.

*Eva Strauß*

# 16 Salbe und Samen, Hostie und Hagelschlag
## Altbayerns größter Hexenprozess in Schongau

Wer heute die etwas beschaulich wirkende Kleinstadt Schongau mit der sehenswerten Altstadt besucht, mag gar nicht glauben, dass vor über 400 Jahren hier der größte Hexenprozess in Altbayern stattfand. In Erinnerung daran wurden im Spätherbst 2014 auf Initiative der Schongauer Stadträtin und Grafikerin Bettina Buresch 63 Rosenstöcke gepflanzt. Die Stöcke befinden sich im Klosterhof beim Heilig-Geist-Spital. Jeder ist mit einer Namenstafel versehen — auch den unbekannten, namenlosen Opfern wird auf diese Weise gedacht. Eine Informationstafel schlägt einen Bogen in die Gegenwart, denn die den Hexenprozessen zugrunde liegenden Ausgrenzungen und Verfolgungen vermeintlicher Sündenböcke gibt es auch heute noch.

Ende der 1580er-Jahre kam es im Landgericht Schongau immer wieder zu heftigen Unwettern und Hagelschlag. Die Ernte der Bauern wurde vernichtet, das Brotgetreide knapp und teuer, die Lebensgrundlage der Menschen war aufs Äußerste gefährdet. Die Wetterstürze konnten nicht von alleine kommen, magische Mächte mussten ihre Hände mit im Spiel haben: Das war Hexenwerk! In Schwabmünchen hatte man schon über 30 Hexen den Prozess gemacht. Warum sollten die Hexen die Schongauer Gegend verschonen? Die Obrigkeit musste endlich hart gegen die »Unholden« durchgreifen. Dies forderten die Dorfbewohner von Schwabsoien, die im Juni 1588 von einem Hagelschlag besonders schwer getroffen worden waren, vom Landrichter in Schongau. Nun begannen die juristischen Mühlen zu mahlen. Zauberei zum Schaden der Leute war ein todeswürdiges Verbrechen. Die »Hexen« richteten nicht nur materiellen Schaden an. Nach damaliger Auffassung handelte es sich um eine Sekte, deren Mitglieder sich regelmäßig trafen und austauschten, die ihre Künste aber nur vollbringen konnten, weil sie im Bunde mit dem Teufel standen. Dies war nicht nur Volksmeinung, auch die Gelehrten waren von der Existenz der Hexen überzeugt.

Im Sommer 1589 ließ der Schongauer Landrichter auf Weisung Herzog Ferdinands die ersten Hexen aus der Umgebung festnehmen. Während

Noch im winterlichen Kleid: »Rosen für die Opfer« zur Erinnerung an die Hexenprozesse

der Verhöre saßen sie im fünfstöckigen Faul- oder Feichlturm ein, von dem heute nur noch ein Überrest an der Stadtmauer zu sehen ist.

Eine der ersten Verhafteten war Agnes Weiss aus Peiting, der mehrere Unwetter zur Last gelegt wurden. Sie hatte bei einem Bauern erst auf nachdrückliches Bitten Milch erhalten. Später vernichtete ein Hagelschlag Hof und Ernte, während der Nachbarhof verschont blieb. Der Bauer hatte sofort Agnes Weiss im Verdacht, an seinem Unglück schuld zu sein. Bei der Hausdurchsuchung fand man bei ihr viel »Verdächtiges«. Neben Salben, Kräutern und Pulver ein kleines hölzernes Pferd, dessen Hinterhufe zusammengebunden waren, ein Kissen, gefüllt mit Kohle, Federn, Wurzeln, dem Johannes-Evangelium und einem Stück Menschenhaut, eine Kapsel mit einer Hostie – all dies konnte nur heißen, dass die Agnes Weiss eine Zauberin, eine »Hexe« war.

Unter der Folter »gestand« die Beschuldigte das zur Last gelegte Teufelswerk: Unter anderem habe sie mit Zaubersalbe, die sie vom Teufel erhalten hatte, ein Kind, fünf eigene Kühe und über 50 Stück fremdes Vieh getötet. Des Öfteren sei sie ausgefahren, habe sich mit dem Teufel und anderen Gespielinnen getroffen. Dort sei zum Tanze aufgespielt worden, Speis und Trank habe es gegeben.

Agnes Weiss wurde zum Tode verurteilt, enthauptet, ihr Leichnam verbrannt. Sie war eine von 63 Frauen aus Schongau und Umgebung, denen in den Jahren 1589 bis 1592 der Prozess gemacht und die hingerichtet wurden. Der Schongauer Prozess war der größte Hexenprozess

60

im Herzogtum Bayern. Die Opfer waren ausnahmslos Frauen, und die meisten waren unvermögend. Ihren Angehörigen wurden deshalb die Prozesskosten ganz oder teilweise erlassen.

Das Phänomen der Hexenprozesse gab es etwa 250 Jahre lang, ungefähr von 1500 bis 1750. Zunächst gerieten vor allem Außenseiterinnen aus den unteren Schichten mit schlechtem Leumund in den Verdacht, Hexen zu sein. Später, mit der Ausweitung der Prozesse, wurden auch Mitglieder aus bürgerlichen Schichten miteinbezogen. Anfangs waren die Opfer Frauen, der Anteil der Männer stieg im Lauf der Zeit auf etwa 20 bis 25 Prozent an. Seriöse Schätzungen beziffern die Zahl der Hinrichtungen in Deutschland auf etwa 30 000. Erst im ausgehenden 18. Jahrhundert führte die Kritik der Zeitgenossen zum Ende der Hexenprozesse.

*Eva Strauß*

**INFOS**

Schongau liegt an der B 17; vom Bahnhof Schongau führt ein Fußweg direkt in die Altstadt.

Die Rosenstöcke im Klosterhof (Serenadenhof, Karmeliterstr. 6a) bei der Heilig-Geist-Kirche sind nicht das einzige Denkmal zur Hexenverfolgung. Im historischen *Ballenhaus*, heute ein Café, befindet sich an der linken Längsseite (Zugang vom Marienplatz aus) hinten in einer Nische eine Skulptur »Anonyme Gewalt« des Schongauer Künstlers Hans Horst Beckert (1902–1986), die hier 1989 in Erinnerung an die Hexenprozesse aufgestellt wurde. Der Rumpf des Feichl- oder Hexenturms steht an der südwestlichen Stadtmauer. Von der Altstadt, am Lindenplatz, durch den ehemaligen Polizeidienerturm, dann rechts an der Stadtmauer entlang. Nach ca. 100 m steht man vor dem Rumpf des Turms.

Im Klosterhof befindet sich außer den Rosenstöcken ein sehenswerter Kruzifixus und ein Kriegerdenkmal, das nicht nur namentlich an die Soldaten der Kriege seit 1870 erinnert, sondern auch an einen Kriegsdienstverweigerer, der 1939 von den Nazis hingerichtet wurde.

# 17 Die gläsernen Ringe
## Das Brunnenhaus in Wessobrunn

»Endlich öffnete ich das schwere Tor, setzte mich auf den Beckenrand und schauderte beim Anblick des stillen, klaren Wassers. Dann hob ich einen kleinen Stein auf und warf ihn mitten auf den Spiegel, zweifelnd ob dieses magische Spiel noch seine Kraft besäße. Die gläsernen Ringe eilten lautlos über das Wasser, glitten zurück, überschnitten sich und bildeten wunderbar strenge Muster. Da erkannte ich zum ersten Male, daß nicht das wirre dunkle Leiden der Kreatur, sondern das scharfe klare Gesetz des Geistes mein Leben leiten würde.« Mit diesen Sätzen endet Luise Rinsers erster, stark autobiografisch geprägter Roman *Die gläsernen Ringe*.

Der Ort dieses Erlebnisses ist das Brunnenhaus in Wessobrunn: Drei Quellen werden hier gefasst, drei Bögen führen ins Innere des barocken Bauwerks. Fische ziehen ihre Runden, Tafeln erinnern an die ehrwürdige Geschichte des Orts – still ist es hier. Eine der Tafeln erzählt die Legende der drei Quellen, die ein Jäger namens Wezzo nach einem Traum des Herzogs Tassilo vor mehr als 1200 Jahren entdeckt haben soll. Der Traum und die heilige Dreizahl der Quellen sollen Tassilo bewogen haben, hier ein Kloster zu gründen, das nach dem Entdecker der Quellen Wezzobrunnen genannt wurde.

Das Brunnenhaus und die alte Klosteranlage waren das Wunderland des Mädchens Luise Rinser. Hierher kam es immer wieder, als es mit seiner Mutter während des Ersten Weltkriegs im nahen Pfarrhaus lebte. Der Großonkel war hier Pfarrer und er wohnte im schönsten Pfarrhaus weit und breit: im Prälatentrakt der einstigen Benediktinerabtei Wessobrunn. Hier staunte das Mädchen angesichts des herrlichen Stucks, übte sich mit der Lektüre uralter geistlicher Werke im Lesen, spielte mit den Dorfkindern und warf Steine in die Wasserbecken der drei Quellen.

Nicht zuletzt ist der Ort der gläsernen Ringe das einstige Kloster Wessobrunn, Stätte des Wessobrunner Gebets und Heimat der Wessobrunner Stuckateure. Zwar heißt das Kloster im Roman der 29-jährigen Schriftstellerin St. Georgen, aber wer die Biografie Luise Rinsers kennt – und vor allem: wer Wessobrunn kennt –, weiß: Es ist Wessobrunn. »Meine Heimat ist nur in mir selbst, aber Wessobrunn ist meine geistige Heimat«, stellte Luise Rinser Jahrzehnte nach ihren

Die drei Bögen des Brunnenhauses verweisen auf die drei Quellen.

Wessobrunner Kindertagen und nach Veröffentlichung der *Gläsernen Ringe* einmal fest. Und hierher, an den Ort ihrer Kindheit und ihres ersten Romans, kehrte sie am Ende ihres Lebens zurück. Die kurz vor ihrem 91. Geburtstag im Jahr 2002 verstorbene Schriftstellerin ist auf eigenen Wunsch auf dem Dorffriedhof bestattet.

Wessobrunn ist bis heute ein verzauberter, ein magischer Ort, abseits des großen Tourismus. Zwar hält manchmal ein Reisebus und entlässt seine kunstbeflissenen Fahrgäste Richtung Fürstentrakt, wo kundige Führerinnen und Führer sie durch jene Räume geleiten, die das Mädchen Luise einst alleine durchstreifen durfte. Doch bis ins nahe Brunnenhaus verirrt sich kaum einer der Besucher. Noch ein Blick auf den romanischen Turm, der Luise Rinser an einen vergessenen Schachturm erinnerte, noch eine Stippvisite in der schönen Rokoko-Pfarrkirche – dann ziehen sie weiter Richtung Bus, Richtung Gasthof, manchmal auch zur Dorflinde, wo sie das in Stein gemeißelte althochdeutsche Wessobrunner Gebet studieren. Dabei müssten sie nur wenige Schritte weiter gehen, den Grauen Herzog – den mächtigen romanischen Turm – rechts liegen lassen, dann nach links abbiegen, durch eine Hecke hindurch, und schon wären sie in jener verzauberten Welt der gläsernen Ringe, in der sich das Verweilen lohnt. Gut, dass nur wenige das Brunnenhaus finden. Noch immer kann man hier ungestört im Gras sitzen, den Fischen zuschauen und Luise Rinsers Roman einer Kindheit lesen, um dann einen Stein in den glatten Spiegel der Quellen zu werfen und, die gläsernen Ringe betrachtend, seinen Gedanken nachzuhängen.

*Andrea Hähnle*

INFOS

Wessobrunn liegt 8 km westlich von Weilheim an der Straße nach Landsberg am Lech. Vom Bahnhof Weilheim aus ist der auf einer Anhöhe gelegene Ort mit dem Fahrrad oder unter der Woche mit dem RVO-Bus 9652 zu erreichen. Das Brunnenhaus des ehemaligen Klosters Wessobrunn, Klosterhof 4, ist rund um die Uhr frei zugänglich, die Pfarrkirche ist tagsüber geöffnet. Im sehenswerten Prälatentrakt und im Tassilosaal werden Führungen angeboten. Die jahreszeitlich wechselnden Uhrzeiten sind im Internet unter www.pfarrei-wessobrunn.de (> »Führungen im Kloster«) zu finden, Gruppenführungen können dort oder unter Tel. 0 88 09/2 22 angemeldet werden. Im *Gasthof zur Post* kann man den Schlüssel zur Kreuzbergkapelle abholen, die in Luise Rinsers Roman ebenfalls erwähnt wird. Am Ortsausgang Richtung Rott, unweit des Gasthofs und der Kreuzbergkapelle, befindet sich der Friedhof mit dem Grab der Autorin.

# 18 Paradiesische Zustände
## Das Künstlerhaus Gasteiger in Holzhausen

Wer kennt nicht das freche Brunnenbuberl unweit des Stachus in München? Sittenstrengen Bürgern war es lange Zeit ein Dorn im Auge. Prinzregent Luitpold soll den Bildhauer, den gebürtigen Münchner Mathias Gasteiger, persönlich um ein Feigenblatt für die Blöße des Knaben gebeten haben. Doch Gasteiger wehrte dieses Ansinnen erfolgreich ab. Anderen gefiel gerade der Übermut des Nackedeis, und so erhielt das Münchner Brunnenbuberl bald einen Zwillingsbruder im Berliner Tiergarten. Nackt, wie der Künstler sie schuf, spritzen die beiden Figuren nun seit rund 100 Jahren mit Wasser um sich.

Wer den Schöpfer dieses verspielten Jugendstil-Kabinettstücks kennenlernen möchte, hat bei einem Besuch der Villa Gasteiger dazu Gelegenheit. Errichtet in den Jahren vor dem Ersten Weltkrieg, war dieses Anwesen in Holzhausen am Ammersee etliche Jahrzehnte lang der Sommersitz des Künstlers und seiner Frau Anna Sophie.

Am Gartentor wird man von steinernen Rehen empfangen, die die Verwandtschaft mit ihren Artgenossen des Dianabrunnens am Kufsteiner Platz in München – der von Gasteiger gestaltet wurde – nicht leugnen können. Auf einem schmalen Weg, über eine kleine Brücke, vorbei an einem Weiher gelangt man zu der Villa, die in einem großzügigen Landschaftsgarten versteckt liegt. Man kann sich gut vorstellen, wie Mathias Gasteiger und seine Frau den Garten als erweitertes Atelier genutzt haben: Er, der Bildhauer, indem er seine Arbeiten dort ausstellte, und Anna Sophie, indem sie sich zu ihren Blumenstillleben inspirieren ließ. Anna Sophie, geborene Meyer, war eine Schülerin des vielseitigen und erfolgreichen Münchner-Secession-Malers Julius Exter, der 1897 zusammen mit Mathias Gasteiger in der Nähe von Dachau eine Mal- und Bildhauerschule eröffnet hatte. Da ihr als Frau die Kunstakademie verschlossen war, nutzte Anna Sophie, wie zahlreiche andere Frauen, diese private Möglichkeit des Kunststudiums und lernte dort Mathias Gasteiger, den jungen Kollegen ihres Lehrers, kennen. Anna Sophie Gasteiger liebte Blumen und Pflanzen jeder Art und machte sich bald als Blumenmalerin einen Namen. In erster Linie geht

Die Villa Gasteiger – ein Sommerparadies für Künstler

die Anlage des im Landschaftsstil gestalteten Parks auf sie zurück und auch die Pflege des Staudengartens mit den phantasievollen Blumenkombinationen lag ihr am Herzen. Viele ihrer im Gegenlicht gemalten neoimpressionistischen Blumenbilder sind hier mit Blick auf den Ammersee entstanden.

In der kleinen Villa sind nicht nur Bauernstube und Jugendstilsalon in originaler Ausstattung zu bewundern, man hat im Atelier und im einstigen Bad zudem eine kleine Wechselausstellung von Werken des Künstlerehepaares eingerichtet. Von Mathias Gasteiger werden Skulpturen und Bilder in kleinem Format gezeigt, wie etwa die Figurengruppe »Tanz«, die auch als Bronze- und als Gipsguss vorhanden ist, wodurch interessante Vergleiche möglich werden. Neben Blumenstillleben werden von Anna Sophie Gasteiger verschiedene reizvolle Motive aus dem Park gezeigt. Vor allem für ihre Blumenbeete hatte die Malerin eine Schwäche. Gegenstände, die die Künstlerin für ihre Stillleben verwendet hat, ihre Malutensilien und historische Fotografien lassen die Zeit vor beinahe 100 Jahren wieder lebendig werden, als am westlichen Ufer des Ammersees miteinander befreundete Künstler während der Sommermonate ein ungezwungenes Leben führten, sich gegenseitig besuchten und inspirierten. Mitarbeiter der berühmten satirischen Zeitschrift *Simplicissimus* wie Eduard Thöny und Thomas Theodor Heine gehörten dazu oder Mitglieder der bekannten Münchner Künstlervereinigung »Scholle«.

Als Abschluss dieses Ausflugs auf den Spuren Münchner Künstler bietet sich ein Spaziergang zum idyllischen Friedhof bei der Holzhauser Kirche und der Besuch der Gräber von Anna Sophie und Mathias Gasteiger an. Beim nächsten Stadtbummel in München kann man dann dem Brunnenbuberl einen Gruß von seinem Schöpfer ausrichten.

*Andrea Hähnle*

**INFOS**

Holzhausen liegt zwischen Utting und Dießen am Westufer des Ammersees, in unmittelbarer Nähe der Künstlervilla gibt es nur wenige Parkplätze. Sehr reizvoll ist die Anreise mit der S 8 bis Herrsching und weiter mit dem Schiff bis zur Anlegestelle Holzhausen. Von dort sind es nur wenige Min. zu Fuß zum Künstlerhaus Gasteiger in der Eduard-Thöny-Str. 43, direkt am Ammersee. Die Villa ist von Apr–Okt, jeweils So von 14.00–17.00 geöffnet. Öffnungen außerhalb dieser Zeiten und Sonderführungen sind für Gruppen nach Vereinbarung möglich, Tel. 0 81 43/9 30 40. Der Landschaftsgarten ist während des ganzen Jahres tagsüber frei zugänglich, ein Teil des Grundstücks wird als Bade- und Liegewiese genutzt. Weitere Informationen unter: www.schloesser.bayern.de (»Schlösser« > »Künstlerhaus Gasteiger«).

# 19 Grabräuber am Ammersee
## Der Archäologische Park
## in Herrsching

Grabräuberei konnte sich früher auch in unseren Breiten lohnen: Gold, Silber, Schmuck, Waffen und andere Wertgegenstände waren der Lohn der Gesetzesbrecher, wenn sie vor dem unheimlichen Geschäft nicht zurückschreckten und sich nicht erwischen ließen. Auch in Herrsching am Ammersee waren einst solche das Tageslicht scheuende Gestalten unterwegs: Ein kleiner Adelsfriedhof war dabei ihr Ziel, und das Unternehmen scheint sich gelohnt zu haben.

1300 Jahre danach wurde an derselben Stelle wieder gegraben: Der Friedhof bei der Herrschinger Kirche St. Nikolaus war für die wachsende Gemeinde zu klein geworden, er sollte erweitert werden. Man schrieb das Jahr 1982, als ein aufmerksamer Baggerführer sich über eine Kiste aus Tuffstein im ansonsten weichen Erdreich wunderte und daraufhin die Archäologen auf den Plan traten. Schon bald stellten sie fest, dass das bei den Baggerarbeiten beschädigte Kistengrab zu einer kleinen Bajuwaren-Nekropole, einem Gräberfeld, gehörte, in der außer vier Kleinkindern und einer Frau 14 erwachsene Männer beigesetzt worden waren. Die durchschnittliche Lebensdauer der hier bestatteten Männer hatte 36 Jahre betragen. Drei der Männer waren offenbar Adlige gewesen, die jeweils im Abstand einer Generation gestorben waren: Großvater, Vater und Sohn?

Zunächst war um das Jahr 620 n. Chr. ein Mann beigesetzt worden, dem ein kompletter Waffensatz aus Langschwert, Kurzschwert, Lanze und Schild ins Grab mitgegeben worden war. Als nicht nur waffenfähigen, sondern auch reichen Herrn zeichnete ihn eine weitere Grabbeigabe aus: ein mit vergoldeten Silberbesätzen geschmückter Gürtel aus einer langobardischen Werkstatt. Goldfäden und Goldblechstreifen sowie Bruchstücke eines mit Silberintarsien verzierten Waffengürtels in zwei jüngeren Männergräbern sind Überreste von weiteren reichen Grabbeigaben der beiden folgenden Generationen. Wie schon erwähnt: Frühmittelalterliche Grabräuber hatten hier erfolgreich ihr Glück versucht.

Mit diesen interessanten Funden begnügten sich die Archäologen noch nicht: Sie gruben weiter und entdeckten nicht nur Reste von zwei

Die rekonstruierte Kirche bildet den Mittelpunkt des Archäologischen Parks.

Kalköfen sowie Pfostengruben, die auf eine Bebauung am Rande des Gräberfeldes hinwiesen, sondern auch Fundamentreste einer uralten Steinkirche. Errichtet auf dem Grundriss einer älteren Holzkirche, war sie eine der ersten ländlichen Steinkirchen in ganz Bayern.

Alles deutet darauf hin, dass Kirche und Friedhof von einer der führenden bajuwarischen Familien der Region angelegt worden waren, wahrscheinlich von den etwas später in Herrsching auch urkundlich erwähnten Huosi. Innerhalb der gesellschaftlichen Hierarchie der frühen Bajuwaren müssen die drei Männer in den einst reich ausgestatteten Gräbern einen hohen Rang eingenommen haben. Die anderen Toten entstammten dagegen sozial nachgeordneten Bevölkerungsschichten. Die Frauen wiederum scheinen bis auf eine Ausnahme aus späterer Zeit an einem anderen Bestattungsplatz begraben worden zu sein, was damals nicht ungewöhnlich war.

Die Freude über den überraschenden Fund war groß, und so beschloss man in Herrsching die Rekonstruktion der Kirche mit Wänden aus Feldsteinen, einem aus Rundhölzern gebauten Dachstuhl und einem strohgedeckten Dach. Vor wenigen Jahren wurden bei weiteren Ausgrabungen in unmittelbarer Nähe Reste einer römischen Villa Rustica entdeckt, den erwarteten Gutshof der frühmittelalterlichen Adelsfamilie fand man jedoch nicht. Die zum Bajuwarenfriedhof gehörende Siedlung vermutet man nun im Herzen des alten Dorfes Herrsching.

Das rekonstruierte Kirchlein bildet heute den Mittelpunkt eines kleinen Archäologischen Parks. Neben Originalstücken aus der Römerzeit beherbergt es Repliken der kostbaren Grabfunde, darunter der aus Norditalien importierte Repräsentationsgürtel mit den goldverzierten Silberbesätzen, den die frühmittelalterlichen Grabräuber einst übersehen haben.

*Andrea Hähnle*

**INFOS**

Herrsching ist der Hauptort am östlichen Ufer des Ammersees und aus Richtung München gut mit der S 8 zu erreichen. Vom Bahnhof aus gelangt man zu Fuß in rund 10 Min. zum Archäologischen Park. Am besten biegt man in die Bahnhofstr. ein, geht dann an der ersten Kreuzung links, danach ist der Weg ausgeschildert. Der Archäologische Park, Mitterweg 22, befindet sich hinter dem Friedhof, in der Nähe der Nikolauskirche. Er ist ganzjährig über den Friedhof zugänglich. Von Anfang Mai bis Ende Sep jeweils So 10.00–12.30 kann auch die Kirche mit der kleinen Ausstellung besichtigt werden.

Öffnungszeiten und Sonderführungen für Gruppen ab 10 Personen nach Vereinbarung unter Tel. 0 81 52/96 95 55 oder 52 27 (Verkehrsbüro) oder E-Mail (aug-herrsching@web.de). Weitere Informationen unter: www.herrsching.de (»Freizeit und Kultur« > »Vereine« > »Verein für Archäologie und Geschichte Herrsching e. V.«).

# 20 Der »Todesmarsch«
## Spuren eines Leidensweges zwischen Dachau und Waakirchen

Es gibt Ereignisse in unserer Vergangenheit, an die wir uns nur ungern erinnern. Der »Todesmarsch« der Dachauer KZ-Häftlinge kurz vor Ende des Zweiten Weltkrieges gehört dazu. Erst 44 Jahre nach Kriegsende hat die Gemeinde Gauting als erste die Initiative für die Errichtung von Todesmarschdenkmälern ergriffen. Einige Gemeinden schlossen sich dem Vorschlag an, bei anderen dauerte die Einsicht länger. Den Anfang machte 1989 die Gemeinde Gauting, noch im selben Jahr wurden in Gräfelfing, Planegg, Krailling, Wolfratshausen, Berg und in den Münchner Stadtteilen Allach und Pasing die gleichen Denkmäler aufgestellt. Die Bronzeplastik des Künstlers Hubertus von Pilgrim stellt eine Gruppe marschierender Menschen dar. Ein Abguss wurde an die israelische Gedenkstätte in Yad Vashem gegeben. Inzwischen befindet sich dieses Denkmal an 22 Orten. In weiteren Gemeinden gibt es ähnliche Denkmäler anderer Künstler.

Mitte April 1945, als nicht mehr zu übersehen war, dass der Krieg verloren war, ordnete Himmler an, das Lager Dachau zu evakuieren. Kein Häftling dürfe »lebend in die Hände des Feindes fallen«. Warum machten sich die Nationalsozialisten die »Mühe«, die Häftlinge fortzuschaffen? Es gibt dafür nur eine Erklärung: Die arbeitsfähigen Häftlinge sollten zum Festungsbau in die Alpen nach Tirol gebracht werden. So weit kam es aber nicht mehr.

Etwa 7 000 Häftlinge – Russen, Juden, »Reichsbürger« – verließen am 26. April 1945 Dachau, drei Tage vor der Befreiung des Konzentrationslagers. Ihr Weg führte über Allach, Pasing, Planegg, Krailling, Gauting nach Leutstetten. Dort legten sie am Vormittag des 27. April die erste Rast ein. Gegen Abend ging es weiter Richtung Starnberg und von dort östlich am See vorbei. Auf verschiedenen Wegen wurden die Häftlinge über Bad Tölz nach Waakirchen und nach Rottach-Egern getrieben. Am 1. Mai befreiten die Amerikaner die Häftlinge in Waakirchen, einen Tag später die in Rottach-Egern.

Es gab nicht nur diesen einen Todesmarsch. Außer dem KZ Dachau wurden auch seine verstreut liegenden Außenlager evakuiert. Wie viele

1989 wurde in Gauting das erste Denkmal für die Opfer des Todesmarsches enthüllt.

Häftlinge unterwegs waren, ist nicht bekannt. Schätzungen belaufen sich auf 20 000 KZ-Häftlinge. Auch die Zahl der ums Leben Gekommenen lässt sich nicht mehr beziffern, sie soll in die Tausende gehen.

Der Marsch war eine Tortur. Die Wegzehrung war gering und sehr unterschiedlich. Ein Häftling bekam eine Scheibe Brot, ein Stück

Margarine und einen kleinen Würfel Käse, ein anderer eine Konservendose, etwa ein Kilo Brot, etwas Käse und Margarine. Manche gingen leer aus. Augenzeugen erzählten, dass die Häftlinge teilweise Gras vom Wegrand gegessen haben. Die Häftlinge entledigten sich von allem, was sie als Last empfanden: vom Regen durchnässte Decken, Holzpantinen mit abgerissenen Riemen, Mäntel. Ihr Gesundheitszustand verschlechterte sich rapide. Für viele war es ein Marsch in den Tod: Kranke und Erschöpfte wurden erschossen und erschlagen.

Die Reaktionen der Bevölkerung waren unterschiedlich. Es gab Ablehnung und Furcht bei denen, die in den Häftlingen Verbrecher sahen, wie es die Nationalsozialisten propagiert hatten. Aber man hatte auch Mitleid mit den geschundenen Gestalten und steckte ihnen Nahrungsmittel zu, kochte Kartoffeln und Kaffee für sie.

Der »Todesmarsch« führte der Bevölkerung auf dem Land die Grausamkeit und die Verbrechen des NS-Regimes zum Schluss noch einmal drastisch vor Augen.

*Eva Strauß*

**INFOS**

Gauting liegt zwischen Starnberg und München. Mit der S-Bahn nach Gauting, von dort mit dem Bus oder zu Fuß in einer halben Std. Richtung Planegg. Das »Todesmarsch«-Denkmal steht am Eingang zum Gautinger Friedhof in der Planegger Str. am Ortsrand. Der Verein »Gedenken im Würmtal« hält die Erinnerung wach. Jedes Jahr Ende Apr/Anfang Mai finden Gedenkveranstaltungen und Wanderungen zwischen den einzelnen Todesmarschdenkmälern statt. Auf der Internetseite sind zudem alle Standorte dieser Denkmäler verzeichnet: www.gz-tm-dachau.de

# 21 Stehen in Gottes Gnad
## Die Preysingsäule in München

Im 17. und 18. Jahrhundert war die Jagd ein wichtiges Symbol adeliger Herrschaft. Sie war fester Bestandteil barocker fürstlicher Repräsentation und viele Wittelsbacher liebten prunkvolle Jagdspektakel.

Kurfürst Maximilian II. Emanuel (1662–1726) wollte auf dem Gelände zwischen der Residenzstadt München und dem Starnberger See ein großes umfriedetes Jagdrevier schaffen und als einzigartige Naturbühne für seine Jagdinszenierungen gestalten. Bereits 1683 bis 1687 ließ er im Forstenrieder Forst »Durchhaue« oder »Geräumte« anlegen – schmale, von Wurzeln und Steinen geräumte Wege, die als Sichtachsen dienten. An zentral gelegenen Stellen liefen strahlenförmig sechs oder acht Geräumte auf Sternanlagen zu. 1715, nachdem es ihm endlich gelungen war, das zwischen Schloss Nymphenburg und dem Forstenrieder Forst gelegene Poschetsried zu erwerben, befahl Max Emanuel, den Jagdpark neu anzulegen und einzuzäunen. Der kurfürstliche Hirschjagdpark umfasste ein Areal mit einem Umfang von 53,7 Kilometern, in dem die Ortschaften Krailling, Planegg, Steinkirchen, Gräfelfing, Lochham, Menzing, Laim, Klein- und Großhadern, Neuried, Martinsried und Forstenried lagen.

Sein Sohn und Nachfolger, Kurfürst Karl Albrecht (1697–1745), teilte die Jagdleidenschaft des Vaters, war doch die Jagd für ihn eine Möglichkeit, den ständigen Zwängen des fürstlichen Hoflebens durch Flucht in eine künstlich geschaffene, naturnahe Idylle zu entkommen. Das ab 1733 im Forstenrieder Forst errichtete und nach der Lieblingsfarbe des Kurfürsten benannte »Gelbe Haus« war eines von vier abseits gelegenen, farbigen hölzernen Jagdschlösschen. Sie dienten Karl Albrecht und seinen engsten Vertrauten als Unterkunft. Zu diesen zählte Oberststallmeister Johann Maximilian IV. Emanuel Graf von Preysing-Hohenaschau (1687–1764), einer der höchsten bayerischen Würdenträger und Erbauer des gegenüber der Münchner Residenz gelegenen Palais Preysing.

Die Parforcejagd war nicht ungefährlich, sie setzte hohes reiterliches Können voraus und erforderte Gewandtheit, Mut und Ausdauer. Am 29. November 1735 geschah das Unglück. Das Pferd des Grafen Preysing stürzte, überschlug sich und kam dabei zu Tode. Der Reiter

Die Votivsäule als Erinnerung an das Jagdunglück mit glücklichem Ende

wurde erst nach längerer Zeit bewusstlos aufgefunden. Man brachte ihn ins »Gelbe Haus«, wo er mehrere Tage mit dem Tode rang. Erst zwölf Tage später konnte der Kurfürst seinem Bruder Clemens August, Kurfürst und Erzbischof von Köln, erleichtert melden, der Graf sei außer Gefahr und habe mittlerweile auch das Gedächtnis wiedererlangt.

Preysing führte seine Errettung auf die Muttergottes zu Altötting zurück. Während der Kurfürst zur Danksagung in der dortigen Gnadenkapelle eine silberne Ampel aufhängen ließ, stiftete der Graf eine Votivsäule, die 1739 an der Unfallstelle aufgestellt wurde. Ein etwa vier Meter hoher, aus Marmor gearbeiteter Obelisk steht auf einem Sockel aus Nagelfluh. Seine Vorderseite enthält ein eindrucksvolles Relief: Neben dem tot auf dem Rücken liegenden Pferd erhebt sich der gestürzte Reiter, sich auf die rechte Hand stützend, noch benommen aus seiner Ohnmacht, und sein suchender Blick heftet sich auf das Antlitz der über ihm unter einem Baldachin stehenden Schwarzen Muttergottes von Altötting. Die gegenüberliegende Pyramidenwand zeigt die vom Kurfürsten gestiftete silberne Ampel, unter dieser ein aufgeschlagenes Buch über einem querliegenden Kreuz und einer brennenden Fackel, umgeben von den Worten: »Religio causa voti« (»Religiosität ist der Grund für das Gelübde«). Auf den beiden anderen Seiten des Denkmals schildern zwei Schrifttafeln den Hergang des Jagdunfalls. Über der lateinischen Inschrift, die mit den Zeilen »Feliciter equitat quem gratia Dei portat / qui stat videat ne cadat« (»Glücklich reitet, wen Gottes Gnade trägt / Wer steht, möge zusehen, dass er nicht falle«) endet, ist ein Harnisch mit Helm über einem Schwert und einem geschlossenen Köcher zu sehen. Gegenüber das Wappen der Preysings, darunter die Mahnung: »Der du dißes Lißest Liebe die Göttliche Muetter / So kanst du sicher wandern in der gnad des Göttlichen Kündts«. Und auf den Sockel der Vorderseite ist für alle Vorbeikommenden in großen Buchstaben eingegraben: »Stehen in Gottes gnad / macht stehen allzeit grad«.

*Ulrike Ehmann*

**INFOS**

Die Preysingsäule steht im Forstenrieder Park in München, südlich der Staatsstr. zwischen Neuried und Gauting. Gegenüber dem Forsthaus Kasten, nördlich der Staatsstr., befindet sich ein ausgeschilderter Parkplatz. Von dort gelangt man auf dem beschilderten Preysing-Geräumt zum Denkmal (ca. 15 Min. Fußweg). Oder mit der U 3 bis Fürstenried West und im Forstenrieder Park der Beschilderung nach Forsthaus Kasten folgen (ca. 7 km).

# 22 Heidnische Göttinnen oder Heilige?
## Die Drei Jungfrauen in Leutstetten

Im Würmtal nördlich des Starnberger Sees ranken sich zahlreiche Sagen und Geschichten um drei Frauen aus grauer Vorzeit. Ein Triptychon in der Leutstettener Kirche St. Alto nennt ihre Namen: Ainpet, Gberpet und Firpet. Merkwürdige Namen! Das Gemälde aus der Mitte des 17. Jahrhunderts zeigt sie mit Krone, Heiligenschein und Märtyrerpalme; Ainpet und Gberpet halten als Zeichen ihrer Weisheit geöffnete Bücher in den Händen, die Pfeile in Ainpets und Firpets Händen weisen sie als Helferinnen gegen die Pest aus. Wer waren Ainpet, Gberpet und Firpet? Fromme Frauen, vielleicht Märtyrerinnen aus der Zeit des frühen Christentums? Auf jeden Fall muss es sich um Heilige handeln, schließlich schmückt alle drei ein Heiligenschein!

Nach einer der Leutstettener Sagen hatten die drei unterhalb des quellenreichen Schönbergs westlich der Würm ihre Einsiedelei errichtet. Genau gegenüber von Petersbrunn, wo bis heute eine Kapelle direkt an der Straße an ein altes Quellheiligtum erinnert, sollen sie gehaust haben: »Ihre Beschäftigung war Beschaulichkeit im Kämmerlein, Kunde und Befestigung der Lehre Christi unter dem Volk: Sie predigten mutig das Wort Gottes und genügten sich an Wurzeln und Kräutern und dem wenigen Brot, das die Milde zugebracht. Auch durch Tat wirkten sie; Heilung der Kranken und ihre Pflege wird noch jetzt ihnen dankbar zugeschrieben«, so hielt Friedrich Panzer Mitte des 19. Jahrhunderts in seinem Buch *Bayerische Sagen und Bräuche* die Erzählungen der Menschen im Würmtal fest. Waren die drei also fromme Wohltäterinnen?

Eine andere Sprache sprechen Geschichten, die den nördlich des Dorfes gelegenen Karlsberg mit den drei Frauen in Verbindung bringen. Die »drei Schlossfräulein vom Karlsberg« erscheinen darin als verzauberte Jungfrauen, die um Erlösung flehen: »So nahten sie einst dem Mühlknecht und baten ihn, sie zu erlösen; groß werde sein Lohn sein; er müsse aber durch neun eiserne Türen gehen; bei jeder werde er zwar harte Proben zu bestehen haben, allein – alles sei nur Blendwerk. Aber den Mühlknecht befiel ein Grauen; er floh die wehklagenden Jungfrauen.« Anderen Sagen zufolge war der Mühlknecht nicht

S·AINPET   S·GBERPET   S·FIRPET

Das Triptychon mit den
»Drei Jungfrauen« erinnert
an einen uralten Kult.

der Einzige, der den dreien im Wald begegnet ist. Doch keinem gelang jemals ihre Erlösung, keiner errang den als Belohnung versprochenen Schatz im Karlsberg. Alle wurden durch Grauen, durch den Teufel, durch den Spuk des Bösen vertrieben. Die Unheimlichkeit dieser Geschichten um die verzauberten Jungfrauen hat wenig mit frommen Heiligenlegenden gemein. Doch wenn die drei keine Heiligen waren, was waren sie dann?

Verborgene Hinweise auf des Rätsels Lösung gibt es nicht nur im Leutstettener Triptychon und in den Sagen des Würmtals, sondern auch an anderen Orten zwischen Südtirol, wo ihr Kult in Meransen und Klerant bis heute lebendig ist, und dem Rheintal, wo die rätselhaften drei im Wormser Dom als Embede, Willbede und Warbede verehrt wurden. Tatsächlich finden sich im Rheintal einige entscheidende Spuren: sogenannte Matronensteine aus römisch-keltischer Zeit, auf denen drei göttliche Frauengestalten abgebildet sind – offenbar Vorläuferinnen von Ainpet, Gberpet und Firpet. Bischof Burchard aus Worms beklagte um das Jahr 1000, dass noch immer Frauen den drei Schwestern göttliche Macht zuschreiben, anstatt sich an Gott zu wenden.

Es scheint so, als habe die Kirche vergeblich versucht, die Verehrung der drei aus vorchristlicher Zeit stammenden Göttinnen zu unterdrücken, und habe sie dann stillschweigend als fromme Einsiedlerinnen und Wohltäterinnen in die ohnehin kaum überschaubare Zahl der Heiligen aufgenommen. So fanden sie auch ihren Weg in die Leutstettener Kirche. Von ihren heidnischen Ursprüngen zeugen nur noch vereinzelte Anhaltspunkte und unheimliche Geschichten von seltsamen Schlossfräulein, die bis heute im Karlsberg bei Leutstetten der Erlösung harren. Und doch ist die Verehrung der Leutstettener Dreiheit in eine neue Phase getreten: Der Ort ist zum Ziel esoterisch und naturreligiös inspirierter Menschen geworden. Entlang der Richtung Gauting führenden Straße zieht sich ein Fußweg. Hier findet man nach knapp zehn Minuten Spaziergang eine Quelle, die von Blumen, Münzen, Kerzenresten und anderen kleinen Opfergaben geschmückt ist. In den Büschen und Bäumen ringsum flattern bunte Bänder, wie sie heute noch – etwa in Usbekistan – an Heiligtümern zu finden sind, die nicht nur muslimischem, sondern auch schamanischem Einfluss unterlagen. Historisch nüchtern gestimmte Menschen betonen, dass dies gar nicht die »echte« Quelle der Jungfrauen sei. Tatsächlich befindet sich diese etwas südlicher bei Petersbrunn, unter Beton und daher nicht mehr zugänglich. Aber Ainpet, Gberpet und Firpet haben schon so viele Wandlungen durchgemacht, so vieles überstanden, dass es ihnen auf solche Details wohl kaum ankommen wird.

*Andrea Hähnle*

Leutstetten liegt nördlich des Starnberger Sees im Würmtal, die zentral gelegene Kirche St. Alto ist in dem kleinen Dorf leicht zu finden. Das Triptychon an der südlichen Wand kann tagsüber durch ein Gitter hindurch betrachtet werden. Spaziergänge auf den nördlich gelegenen Karlsberg und zu der Bethen-Quelle oder durch das Leutstettener Moos bieten sich an, zum Einkehren gibt es einen Gasthof mit schönem Biergarten.

# 23 Ein ewiges Rätsel
## Das Gedenkkreuz für König Ludwig II. im Starnberger See

Bei seiner Thronbesteigung im Jahr 1864 erregte der glänzend aussehende junge König allgemeine Bewunderung. Doch die in ihn gesetzten Hoffnungen erfüllten sich nicht. Allzu begrenzt erschien Ludwig II. seine Machtfülle. Regierungsverantwortung und Repräsentationspflichten wurden ihm mehr und mehr zur Last, auch deswegen, weil sie ihn daran hinderten, ganz seinen Passionen zu leben. Der König von Bayern entzog sich der politischen Realität und versenkte sich in die poetischen Traumwelten der Opern Richard Wagners und die Bühnenwelten seiner Schlösser, in denen er sein einsames Herrschertum zelebrierte.

Seinen Ministern war das Fernbleiben des Königs von der Landeshauptstadt nicht unangenehm, konnten sie sich dadurch doch weitgehend ungestört der Tagespolitik widmen. Erst die hohe Verschuldung Ludwigs, ausgelöst durch seine Baumanie, zwang sie 1885 dazu, gegen den Monarchen vorzugehen, dessen Konkurs unabwendbar erschien. Als Ludwig damit drohte, das liberale Ministerium zu entlassen und es durch ein konservativ-königstreues zu ersetzen, verbündete sich der Vorsitzende des Ministerrates, Johann Freiherr von Lutz, mit Ludwigs Onkel Prinz Luitpold, um die Entmachtung des Königs auf dem Weg einer Regentschaftseinsetzung wegen Geisteskrankheit herbeizuführen. Ein von Dr. Bernhard von Gudden, Professor der Psychiatrie, und drei anderen Nervenärzten verfasstes Gutachten diente als Grundlage dafür: »Paranoia« lautete der Befund, auf dessen Grundlage der König am 9. Juni 1886 für regierungsunfähig erklärt wurde.

Der Sturz Ludwigs II. und damit sein tragisch-groteskes Ende nahm in der Nacht vom 9. auf den 10. Juni in Neuschwanstein seinen Anfang. Eine Regierungskommission, die dem König mitteilen sollte, dass er entmündigt sei und unter ärztliche Betreuung gestellt werden müsse, scheiterte am Widerstand von Gendarmen, Feuerwehr und Schlosspersonal. Einer zweiten »Fangkommission« gelang es in der Nacht vom 11. auf den 12. Juni, Ludwig festzunehmen und nach Schloss Berg am Starnberger See zu bringen.

An dieser Stelle fand man die Leiche des Königs.

Der König, der in Neuschwanstein Selbstmordabsichten geäußert hatte, schien sich beruhigt zu haben und durfte am Vormittag des 13. Juni – es war der Pfingstsonntag – in Begleitung Guddens, gefolgt von zwei Krankenpflegern, im Schlosspark spazieren gehen. Bei einem weiteren an diesem Tage unternommenen Spaziergang verzichtete Gudden auf die Begleitung durch Pfleger.

König und Arzt verließen gegen 18.30 Uhr bei leichtem Regen das Schloss. Was dann tatsächlich geschah, wie die beiden endeten, wird sich wohl nie mehr zweifelsfrei klären lassen. Anhand der Spuren wurde rekonstruiert, dass der König mit großen Schritten in den See hineingegangen war. Sein Hut und seine beiden übereinander gezogenen Röcke wurden später am Ufer gefunden. Gudden scheint ihm gefolgt zu sein, um ihn zurückzuhalten. Ob es zu einem Kampf zwischen den beiden Männern kam und ob Ludwig Gudden erwürgte oder ertränkte, um dann selbst in den Tod zu gehen, ist ebenso umstritten wie die angebliche geheime Rettungsaktion, die dem König zur Flucht verhelfen sollte. Der Verdacht, Ludwig II. sei ermordet worden, ist Bestandteil der sich schon bald herausbildenden Ludwigslegende. Durch sie wurde der mysteriöse Tod des Königs zum Anfang seines zweiten Lebens: Aus den Fluten des Starnberger Sees stieg der Mythos vom »Märchenkönig« empor. Ludwig wurde zu dem, was er sich einst selbst gewünscht hatte: »Ein ewiges Rätsel.«

1887 wurde die von Ludwigs Mutter, Königin Marie, gestiftete sieben Meter hohe gotische Totenleuchte am unteren Seeweg aufgestellt. Luitpold ließ 1896 bis 1900 oberhalb davon eine Gedächtniskapelle im frühromanischen Stil errichten. Die Stelle im flachen Seeufer, an der man des Königs Leiche geborgen hatte, war schon bald danach zunächst mit einer Holztafel, dann mit einem Holzrad bezeichnet worden. Im Juni 1913 wurde dieses von der »Vereinigung König Ludwig II. Deine Treuen« durch ein im Seegrund verankertes kleines eisernes Kreuz ersetzt. Das 1925 eingesetzte Holzkreuz musste wegen Eisschubes und Vandalismus mehrfach erneuert werden. Nachdem »Reliquien«-Räuber versucht hatten, das Kreuz abzusägen, wurde am 100. Todestag des Königs das heutige Teakholzkreuz aufgestellt, dessen Längs- und Querbalken mit Winkeleisen ummantelt sind.

*Ulrike Ehmann*

Das Gedenkkreuz befindet sich im tägl. bis 22.00 geöffneten Schlosspark in Berg am Ostufer des Starnberger Sees. Der Zugang ist nur zu Fuß von Berg oder Leoni aus möglich, jeweils 15 Min. Mit dem Auto über die A 952, Ausfahrt Percha/Berg. In Berg dem Wegweiser »Votivkapelle« folgen. Per Bahn ab S-Bahnhof Starnberg Nord (S 6 Richtung Tutzing) weiter mit den Buslinien 961 und 975 bis Haltestelle Berg/Grafstraße, oder ab dem S-Bahnhof Starnberg mit dem Rad oder zu Fuß am Seeufer entlang nach Berg. Beim *Hotel Schloss Berg* ist die Anlegestelle für die von Ostern bis Ende Okt verkehrenden Dampfer: Schifffahrt Starnberger See, Tel. 0 81 51/80 61, www.seenschifffahrt.de

# 24 Königliche Träume
## Die Glassäule auf der Roseninsel

König Maximilian II. von Bayern hatte große Pläne: Eine prachtvolle Sommerresidenz am Starnberger See schwebte ihm vor. Der alte Familiensitz der Wittelsbacher am Ostufer, Schloss Berg, war bei weitem nicht repräsentativ genug, und so hatte Maximilian auf der anderen Seite des Sees Land erworben. Auch den zukünftigen Schlosspark im englischen Stil hatte er bereits anlegen lassen, und in Gedanken sah er dort schon sein Sommerschloss stehen.

Noch störten Schmutz und Baulärm den König bei seinen Träumen, denn außer den Fundamenten war bislang von dem künftigen Prachtbau auf Feldafinger Gemarkung nicht viel zu erkennen. Wollte Maximilian die Landschaft des Starnberger Sees genießen, so zog er sich vorläufig auf die unmittelbar vor dem künftigen Schlossgelände gelegene Roseninsel zurück. Ihren Namen verdankte sie den zahlreichen Rosen, die der König rings um eine in seinem Auftrag errichtete kleine Villa hatte pflanzen lassen. Das für königliche Verhältnisse eher bescheidene Gebäude sollte nach seinen Vorstellungen nicht mehr als ein standesgemäßes Gartenhaus sein. Später einmal wollte er der Inselvilla von dem neuen Sommerschloss aus ab und zu einen Besuch abstatten. Zum Wohnen war das liebevoll ausgestattete Gebäude daher nicht gedacht, es verfügte weder über Schlafzimmer noch über eine Küche.

Im Zentrum des Gartens der Insel stand – inmitten eines Rosenrondells – ein bemerkenswertes Geschenk des preußischen Königs Friedrich Wilhelm IV. an seine Cousine, Maximilians Gemahlin Marie: eine beinahe fünf Meter hohe Säule aus weißen und blauen Glasröhren mit vergoldeten Zinkgussapplikationen. Eine erste Ausführung dieses eigenwilligen Kunstwerks hatte der preußische König zuvor seiner Gemahlin Elisabeth, einer bayerischen Prinzessin, zum Geschenk gemacht; die weiß-blauen Farben sollten sie an ihre bayerische Heimat erinnern. Das preußische Königspaar hatte die hübsche Säule im Park von Sanssouci aufstellen lassen. Eine dritte sandte Friedrich Wilhelm IV. seiner Schwester Charlotte, der Frau des russischen Zaren, die sich im Park von Schloss Peterhof bei Sankt Petersburg am Geschenk ihres Bruders erfreute.

Alle drei Glassäulen gerieten im Laufe der folgenden Jahrzehnte vollständig in Vergessenheit, und nur dem Zufall ist ihre Wiederent-

»Schwestern« dieser Glassäule stehen in Potsdam und St. Petersburg.

deckung zu verdanken: Mitte der 1990er-Jahre wurde mit der Renovierung der kleinen Villa begonnen. Der Fund von losen weißen und
blauen Röhren auf dem Speicher des Gebäudes löste zunächst Stau-
nen aus, führte dann aber dank detektivischer Arbeit bis nach Potsdam
und Sankt Petersburg. Auch dort wurden Glassäulen-Detektive aktiv,
entdeckten weitere Bruchstücke, und so konnten die Säulen rekonstruiert und an allen drei Orten wieder aufgestellt werden: im Park von
Sanssouci in Potsdam, bei Schloss Peterhof in Russland und auf der
Roseninsel im Starnberger See.

Das konnte Maximilian nicht ahnen, als er auf der Roseninsel seinen Träumen nachhing und sich auf die Fertigstellung seines Schlosses
freute. Doch so weit sollte es nie kommen. Die Arbeit an den Fundamenten war abgeschlossen, die Maurer zogen gerade die Wände des
Erdgeschosses hoch, da starb der König überraschend. Sein Sohn, Ludwig II., ließ die Mauern abreißen und das Material versteigern, denn
das Feldafinger Schlossprojekt seines Vaters interessierte ihn nicht. Der
junge König, der schon als Achtjähriger mit seinem Bruder Otto um
die Glassäule Fangemanderl gespielt hatte, liebte die Roseninsel und
sollte sich auch in den kommenden Jahren häufig hier aufhalten. Doch
die Träume, denen er inmitten der Rosenbeete rund um die Glassäule
nachhing, waren andere als die seines Vaters.

*Andrea Hähnle*

86

Die Roseninsel liegt vor Feldafing am Westufer des Starnberger Sees, Besucherparkplätze sind ausgeschildert. Von diesen aus erreicht man in rund 15 Min. Spaziergang durch den Lenné-Park die Anlegestelle der Inselfähre. Mit der S 6 bis Feldafing, Possenhofen oder Starnberg gibt es verschiedene Möglichkeiten für Spaziergänge zur Roseninsel. So kann man etwa ab Starnberg mit dem Schiff bis Possenhofen fahren, von wo aus man in einem rund 30 minütigen Spaziergang die Anlegestelle der Fähre erreicht.

Überfahrt von Anfang Mai–15. Okt tägl. (Mo nur bei schönem Wetter, siehe www.faehre-roseninsel.de). In diesen Monaten kann zudem tägl. außer Mo von 12.00–18.00 im Rahmen einer Führung auch das königliche Inselschlösschen besichtigt werden. Letzte Führung um 17.00, weitere Informationen im Internet unter: www.schloesser.bayern.de (»Schlösser« > »Casino auf der Roseninsel«).

# 25 Die Wut der Bauern
## Die selige Herluca in Bernried

Schon lange ist in Vergessenheit geraten, weshalb die Mystikerin Herluca ihren langjährigen Wohnort Epfach am Lech verließ und nur von einer Schülerin begleitet nach Bernried an den Starnberger See zog. Die Wut der Bauern sei schuld daran gewesen, weiß die Überlieferung zu berichten. Doch was hat die Epfacher Bauern so erbost, dass sie die Frauen vertrieben haben?

Die ganze Geschichte spielte sich vor rund 900 Jahren ab: Außer einigen verstaubten Schriften erinnern heute nur noch wenige Spuren an die längst vergangenen Aufregungen. Darunter eine gotische Statue an der Nordwand der einstigen Stiftskirche, der heutigen Pfarrkirche von Bernried. Sie zeigt die einst von den Augustinerchorherren und auch von der Bevölkerung als Selige verehrte Herluca mit Schleier, Buch und Lilie. Der Schleier erinnert an das Gewand einer Nonne, die Herluca jedoch nie war; vielmehr hatte sie ihr Leben Gott geweiht, ohne jemals in ein Kloster einzutreten.

Als die später so berühmte Hildegard von Bingen 1098 geboren wurde, lebte Herluca mit einer Gruppe frommer Frauen am Lech. Sie alle wollten unverheiratet ganz dem Gebet und dem Dienst an Gott leben, ohne deshalb in Klostermauern eingeschlossen zu sein. Ihre Anführerin war Herluca, die eine Frau mit starker Ausstrahlung gewesen sein muss und von der es hieß, dass sie mit Gott in besonderer Verbindung stehe. Denn auch Herluca hatte, wie eine Generation später Hildegard von Bingen, zahlreiche Visionen. Sie war eine der ganz frühen Mystikerinnen. Ungewöhnlich wie ihr Lebensstil war auch der ausgesprochen kirchenpolitische Charakter einiger ihrer Visionen: So sah sie – mitten während des Investiturstreits, als das Zölibat in der Kirche heiß diskutiert wurde – in einer ihrer Visionen den nicht zölibatär lebenden Pfarrer eines Nachbarortes als Strafe für sein »unkeusches« Leben in der Hölle schmoren. Immer wieder griff sie so in kirchenpolitische Diskussionen ein, scheute dabei keinen Konflikt, und man kann sich vorstellen, dass sie damit für Aufsehen sorgte. Offenbar sogar für Aufruhr, denn schließlich hat der »furor rusticorum« – die Wut der Bauern – Herluca samt ihren Anhängerinnen und Schülerinnen nach 36 Jahren aus Epfach vertrieben. Vielleicht hatten die Bauern einfach

Schleier, Lilie und Buch weisen Herluca als fromme und weise Frau aus.

genug von den umtriebigen Frauen mit ihren verrückten Ideen und wollten, »dass a Ruah is«?

Die Gruppe um Herluca löste sich auf, die Frauen verteilten sich auf die Klöster der Umgebung, mit denen sie schon in ihrer Epfacher Zeit Kontakte gepflegt hatten: Vermutlich zogen einige zu den Benediktinern nach Wessobrunn, andere zu den Augustinerchorherren nach

Rottenbuch, und Herluca ließ sich mit ihrer Schülerin Charopolis in Bernried nieder. Hier kannte sie Propst Sigebot, den Vorsteher des erst wenige Jahre zuvor gegründeten Augustinerchorherrenstifts, denn dieser war zuvor Pfarrer in Epfach gewesen. Er war damit einverstanden, dass die beiden Frauen eine Klause außerhalb des Stifts errichteten und sich dem geistlichen Leben der Chorherren anschlossen. Vermutlich war er ihr geistlicher Betreuer und Beichtvater, die Gottesdienste besuchten Herluca und Charopolis in der Stiftskirche.

Zwar konnten die beiden als Frauen nicht in das Bernrieder Stift eintreten, doch die Ausstrahlung Herlucas scheint nicht nur ihre Epfacher Anhängerinnen, sondern auch die Bernrieder Chorherren beeindruckt zu haben: Sie bestatteten Herluca nach ihrem Tod auf dem Stiftsgelände und betteten den Leichnam später in den Chor der Stiftskirche um. Noch heute markiert ein kleines Kreuz im Boden des Chores die Stelle, an der ihre Gebeine ruhen. Nur wenige Jahre nach Herlucas Tod verfasste einer der Chorherren ihre Lebensbeschreibung, und bald schon wurde die Querdenkerin auch von der Bevölkerung als Selige verehrt. Eine gotische Statue in der einstigen Stiftskirche Bernried stellt Herluca mit Schleier, Buch und Lilie dar. Anders als viele andere Ausstattungsstücke des Stifts konnte die Statue aus den Wirren der Säkularisation gerettet werden. Sie wurde von ihrem ursprünglichen Platz in einem der abgerissenen Gebäude des Stifts in die Kirche gebracht. Hier erinnert sie bis heute an jene ungewöhnliche Frau, die vor neun Jahrhunderten in Bernried am Starnberger See ihre letzte Wirkungsstätte gefunden hat.

*Andrea Hähnle*

**INFOS**

Bernried liegt am südwestlichen Ufer des Starnberger Sees. Einige wenige Parkplätze stehen in der Nähe der Kirche zur Verfügung. Vom Bahnhof Bernried zum Ortszentrum geht man zu Fuß ca. eine Viertelstunde. Die Pfarrkirche St. Martin liegt in der Nähe des Sees. Sie ist in der Regel tagsüber bis zum Gitter geöffnet. In unmittelbarer Nähe befinden sich der Bernrieder Park, der zu Spaziergängen entlang des Sees einlädt, und das Buchheim Museum, das von der Kirche aus in einem nur 10-minütigen Spaziergang entlang des Ufers zu erreichen ist.

# 26 Von Schottland ins Alpenvorland
## Die Glocke im Ramsachkircherl bei Murnau

Der Volksmund weiß manches zu erzählen von der kleinen Georgskirche am Rande des Murnauer Mooses: Der berühmte Apostel der
Deutschen, der heilige Bonifatius, habe sie geweiht – so die einen.
Nein, der heilige Magnus sei es gewesen, der als Missionar im Allgäu
tätig war und dabei von Füssen aus bis in die Gegend von Murnau gekommen sei – meinen die anderen. Möglicherweise habe die Kirche
St. Georg an der Ramsach zum Kloster Füssen gehört. Von dort aus sei
das »Kircherl« dann wohl zum Staffelseekloster gekommen, das sich
bis in die Zeit der Ungarnkriege auf der Insel Wörth befand und einige
Bedeutung hatte, möglicherweise gar Bischofssitz war. Mit dem ganzen Murnauer Markt zusammen sei die Kirche schließlich 1332 Ettaler
Besitz geworden. An dieser Stelle erleichtertes Aufatmen allerseits,
denn nun endlich befindet man sich auf historisch sicherem Boden.

Gemeinsamer Kern der verschiedenen und sich manchmal wider-
sprechenden Geschichten ist die Datierung der Kirchengründung in
die erste Hälfte des 8. Jahrhunderts, also in die Zeit der Christianisie-
rung des Alpenvorlands. Man ist sich dessen immerhin so sicher, dass
eine Inschrift an der Kirchendecke westlich des Hauptfreskos auf das
hohe Alter der Kirche verweist. So ist es nicht verwunderlich, dass gar
von einer uralten heidnischen Kultstätte die Rede ist. Möglicherweise
habe sich an der Stelle des Altars ein heidnischer Opferstein befunden,
heißt es.

»Nix gwiß woaß ma ned« – so könnte man die Geschichten rund
um die Entstehung des Ramsachkircherls zusammenfassen. Manchen
Zeitgenossen genügt dies, andere möchten alles ganz genau wissen,
und zu deren Freude gibt es neue Fakten: Zu den Besonderheiten der
Kirche gehört eine Glocke, die seit Jahrhunderten wenig beachtet neben dem Altar steht. Sie ist nicht besonders groß und auch sonst hält
sie auf den ersten Blick keinen Vergleich mit anderen, prächtig gestalteten Glocken aus. Sie ist nicht gegossen, sondern – wie an zwei
Nähten zu erkennen ist – aus Eisenblech geschmiedet und im unteren
Bereich gar beschädigt worden.

In der Georgskirche befindet sich die älteste Glocke Deutschlands.

Nach der mündlichen Überlieferung soll die Glocke – passend zu den Geschichten um die Heiligen Bonifatius und Magnus – aus dem 8. Jahrhundert stammen. Machen wir es kurz: Sie stammt tatsächlich aus dieser Zeit, wie erst jüngst nachgewiesen wurde. Und nicht nur das. Sie ist zweifelsfrei nach dem Muster der damals auf Iona geschmiedeten Handglocken konstruiert und gefertigt. Iona, eine im Westen Schottlands gelegene Insel, war damals ein wichtiges Missionszentrum iroschottischer Mönche, deren Missionstätigkeit bis auf das europäische Festland ausstrahlte. Die eher bescheidene Größe der Glocke rührt daher, dass Iona-Glocken Handglocken waren – sie hingen nicht in Glockentürmen, sondern wurden von den umherziehenden Mönchen per Hand geläutet. Auch das Heimatkloster des Bonifatius stand in engem Kontakt zu Iona, und von diesem Heiligen ist ein Schreiben überliefert, in dem er für seine Missionsreise eine Glocke erbittet. Er wird eine Iona-Glocke erhalten haben und war damit wahrscheinlich nicht der einzige Missionar, der mit einer solchen Glocke zur Verkündigung des Christentums die britischen Inseln Richtung Süden verließ.

All dies bedeutet, dass die Ramsach-Glocke die wohl älteste und sakralhistorisch bedeutendste Glocke Deutschlands ist und zu den interessantesten Glocken Europas gehört. Auf dem Festland ist sie die einzige derzeit bekannte Glocke aus dem Bereich der iroschottischen Wandermönche. Aus diesen wissenschaftlichen Ergebnissen ergeben sich nun auch für die Liebhaber von Spekulationen neue Möglichkeiten: Wie kam die Glocke nun eigentlich an den Rand des Murnauer Mooses? Wann? Und durch wen? Wer weiß – vielleicht durch den heiligen Magnus, dessen Heimatkloster St. Gallen enge Kontakte nach Iona hatte. Oder durch den heiligen Bonifatius. Die Diskussion kann also weitergehen.

*Andrea Hähnle*

**INFOS** Murnau am Staffelsee liegt an der B 2. Vom Bahnhof Murnau aus gelangt man zu Fuß in rund 40 Min. zur Ramsachkapelle St. Georg, vorbei am Münterhaus (s. Fundort 27), das vom Bahnhof aus ausgeschildert ist. St. Georg steht südlich des Orts am Rande des Murnauer Mooses, direkt daneben befindet sich der Gasthof *Ähndl* mit seinem malerischen Biergarten und dem herrlichen Bergpanorama. Das Ramsachkircherl ist tagsüber bis zum Gitter geöffnet.

# 27 Malerische Aussichten
# Das Grab Gabriele Münters
# in Murnau

Bei diesem Anblick möchte man zu Pinsel und Palette greifen: Blaugrau schimmern die Berge, das Murnauer Moos schwelgt in Grün und Braun, im Vordergrund strukturieren die Gräber des Friedhofs das Bild. Schweift der Blick weiter nach rechts, kommen Häuser ins Blickfeld. Eines – weiß, gelb und blau – fällt besonders ins Auge, denn es scheint aus der Ferne direkt zum Grab der Malerin herüberzuschauen. Es ist die erst jüngst renovierte »Filla« – so nannten Gabriele Münter und Wassily Kandinsky ihr Sommerhaus. Für die Murnauer war es das »Russenhaus«, denn schließlich wohnte dort »ein Russ mit einer gspinnerten Malerin«.

Das ist lange her. Nach dem berühmten ersten Aufenthalt des Paares in Murnau zusammen mit den befreundeten Malern Marianne von Werefkin und Alexej von Jawlensky im Jahre 1908 kaufte Gabriele Münter im darauf folgenden Sommer das bescheidene Landhaus. Damals gingen die Malerinnen und Maler des Münchner Expressionismus hier ein und aus, am Wohnzimmertisch wurde an dem Almanach *Der Blaue Reiter* gefeilt. Bis 1914 lebten Münter und Kandinsky zeitweise in Murnau. Danach trennten sich ihre Wege.

Die Erinnerungen an diese kreative Zeit mit Kandinsky sowie der Wunsch nach Anschluss an die großstädtische Kunstszene führen Gabriele Münter Mitte der zwanziger Jahre in das Büro eines Maklers. Sie möchte das Haus – schon längst ist es für sie nicht mehr »unser Häuserl« – verkaufen oder wenigstens vermieten. Da das Anwesen ohne jeglichen zeitgenössischen Komfort ist, findet sich weder ein Käufer noch ein Mieter. »Hier kann ich nicht frei werden von der Qual des nie gelebten Lebens«, notiert sie in ihrem Tagebuch. Um den Erinnerungen zu entkommen, räumt sie um. Sie schläft »dort, wo WK immer geschlafen hatte ... ich schlief gut«. Es hilft nur wenig, noch immer kann sie die Trennung von ihrem einstigen Lebens- und Arbeitspartner nicht verwinden. »Ich glaube doch eigentlich, dass ich meistens schon tot bin«, fasst sie im Alter von 48 Jahren ihre deprimierte Stimmung in Worte.

Blick vom Grab Gabriele Münters auf ihr Haus.

Daher: weg von Murnau. Berlin. 1927 lernt sie den Kunsthistoriker Johannes Eichner kennen, der ihr Vertrauter wird. Dann Paris. Wieder Berlin. 1931, des Pensionslebens müde, kehrt Münter nach Murnau zurück. Sie lädt Eichner ein: »Mein liiiiiebes Eichn, das Haus ist so still und leer ohne Sie!« Er kommt zu Besuch, dann ist sie wieder alleine. Vier Jahre lang geht das so, dann zieht sie wieder nach München, weg von der künstlerischen Isolierung, und beauftragt erneut ein Maklerbüro mit dem Verkauf des Murnauer Hauses. In München geht sie auf Wohnungssuche, 60 Objekte stehen auf ihrer Besichtigungs-Liste.

»Das kann nicht immer so weiter gehen«, mit diesen Worten fällt Johannes Eichner einen auch für Murnau folgenschweren Entschluss. »So bin ich denn entschlossen, mich ... in Ihrem Haus einzunisten.« Dies bedeutet für Münter eine Rückkehr nach Murnau. Sie ist nicht recht überzeugt von diesem Vorschlag und denkt nur ungern an »Murnau mit allen Mängeln und Umständen und Isoliertheit«. Doch auch sie hat keine andere Lösung parat und so ergreift Eichner die Initiative, renoviert das Haus und macht es winterfest. Als Ausgleich für die von ihm übernommenen Renovierungskosten überschreibt Gabriele Münter ihm das Haus. Die »Filla« gehört ihr nicht mehr.

Zwar hat sie diese Entwicklung nur sehr halbherzig mitgetragen, doch jetzt findet sie endlich ihre Ruhe wieder. Nun ist ihr Atelier auch im Winter benutzbar, sie wohnt im Erdgeschoss, Johannes Eichners Wohnung befindet sich im darüber gelegenen Stockwerk. Jetzt ist sie (wieder) in Murnau angekommen. 26 Jahre lebt sie hier noch zusammen mit ihrem Lebensgefährten Johannes Eichner, dem gegenüber sie stets beim »Sie« bleibt. Noch im Alter von 83 Jahren verspürt sie eine »hemmungslose Kreativität«. Den Tod scheut sie nicht: »Ich habe schließlich lange genug gelebt.« Am 19. Mai 1962, im Alter von 85 Jahren, stirbt sie in ihrer »Filla«.

Auf dem Murnauer Friedhof hat sie ihre letzte Ruhestätte gefunden – an einem Platz mit Blick auf ihre »Filla«. Ein Platz, der zum Griff nach Pinsel und Palette reizt und einer großen Malerin würdig ist.

*Andrea Hähnle*

INFOS

Murnau liegt an der B 2. Das Schloss und die Pfarrkirche St. Nikolaus mit dem Friedhof sind etwas höher gelegen und von Weitem zu erkennen. Vom Bahnhof Murnau benötigt man dorthin zu Fuß rund 20 Min. Zum Grab Gabriele Münters gelangt man vorbei am Chor der Kirche. Es befindet sich gleich oberhalb der Treppe auf der rechten Seite. Sehenswert sind das Gabriele-Münter-Haus, Kottmüllerallee 6, geöffnet tägl. (außer Mo) von 14.00–17.00 , und das

Schlossmuseum, Schlosshof 4–5, das über eine Sammlung von Werken Gabriele Münters und ihrer Künstlerkollegen vom Blauen Reiter verfügt, geöffnet Di–So und an Fei von 10.00–17.00, vom 1.–25.Dez sowie am 1. Jan von 13.00–17.00; 24.Dez und 31.Dez geschlossen. Informationen unter: www.muenter-stiftung.de und www.schlossmuseum-murnau.de

Führungen auf den Spuren Gabriele Münters und des Blauen Reiters können beim Gästeführer-Netzwerk Blaues Land und bei der Tourismus-Information der Marktgemeinde gebucht werden: www.murnauer-gaestefuehrer.de; www.murnau.de (–> »Tourismus & Freizeit«).

Ein Verein bemüht sich
um den Erhalt der Ruine

# 28 Schlafhaube aus Otterfell
## Vom »kalten Leben« auf der Burg Werdenfels

Den meisten Besuchern präsentiert sich die Ruine von ihrer besten Seite: ein schöner Ausblick für die Alten, »kraxeln« für die ganz Jungen, Informationen für die Wissensdurstigen, eine gemütliche Brotzeit in der Berghütte für alle, und das alles nach einem nur halbstündigen Spaziergang.

Die Burg Werdenfels gab einer ganzen Region, der Grafschaft Werdenfels mit den Orten Garmisch, Partenkirchen und Mittenwald, ihren Namen. Vermutlich schon 1219 errichteten die Grafen von Dießen-Andechs die Burg. 30 Jahre später wurde das Landgut Garmisch an das Hochstift Freising verkauft, 1294 wurde die Region zur Grafschaft Werdenfels zusammengefasst. Der Bischof war nun Herr über die Untertanen. Als politischer Begriff bedeutete »Hochstift« die weltliche Herrschaft und ist nicht mit dem geistlichen Amt eines Bischofs zu verwechseln.

Der Freisinger Bischof setzte für die Grafschaft einen Pfleger ein, der während seiner Abwesenheit (und das war die meiste Zeit) das Gebiet regierte. Der Pfleger versah eine Reihe von wichtigen Aufgaben: Er war Gerichtsherr und beaufsichtigte die Hinrichtungen in Garmisch, kassierte Abgaben und Steuern, kontrollierte die Gewerbe, rekrutierte im Kriegsfall Truppen, betrieb Wirtschaftspolitik und war dem Bischof rechenschaftspflichtig.

Die Burg war nicht nur Amtssitz, hier wohnten auch der Pfleger und seine Familie. Sie wurde immer wieder erweitert und umgebaut. Doch die Lebensbedingungen waren nicht sehr komfortabel. Es gab zwar Wasserleitungen vom Pflegersee in die Burganlage, aber im Winter muss es »sakrisch« kalt gewesen sein: Ein Inventar führt auf, dass der Pfleger eine Schlafhaube aus Otterfell und eine aus Hirschkalbfell besessen hat.

Anfang des 17. Jahrhunderts holten die Pfleger die Erlaubnis ein, im Winter in Partenkirchen wohnen zu dürfen. 1632, mitten im Dreißigjährigen Krieg, zog der Pfleger in das neu errichtete Amtshaus in der Schwaige Wang. Die Burg war keineswegs sicher und hätte für Verteidigungszwecke erheblich umgebaut werden müssen.

Mitte des 18. Jahrhunderts schließlich übersiedelte der Pfleger nach Garmisch. Von nun an verfiel die Burg. Zeitweise wurde sie als Steinbruch genutzt, sowohl für den Bau der Farchanter als auch der Garmischer Kirche.

Nach der Säkularisation zu Beginn des 19. Jahrhunderts verkaufte der bayerische Staat die Burg, die auch heute noch in Privatbesitz ist. Um die Ruine kümmert sich vor allem der 1986 gegründete »Verein zur Sanierung der Burgruine Werdenfels«.

Damals, als die Pfleger noch auf der Burg lebten, gab es dort auch ein Verlies für Verbrecher und solche, die man dafür hielt. Sie wurden hier verhört und warteten auf ihren Prozess. Der berüchtigtste Pfleger, Kaspar Poißl, ließ in seiner Amtszeit einer ganzen Reihe von »Hexen« den Prozess machen – zwischen 1589 und 1592 wurden 50 Frauen und ein Mann als »Hexen« getötet. Die zahlreichen Gefangenen, die wegen Wilderei festgesetzt wurden, mussten nicht die Todesstrafe fürchten. »Schuld« an der hohen Zahl von Wilderern war die in den 1560er-Jahren vom Bischof erlassene neue Jagdordnung. War es zuvor den Werdenfelsern erlaubt gewesen, »Gemsen, Hasen, Hühner, Bären, Schweine und Eichhörnchen« zu jagen, so wurde nun die Jagd gänzlich verboten – ein Gesetz, das die Bevölkerung beharrlich ignorierte.

Im Sagenschatz um die Burg Werdenfels findet sich die Erzählung von einer »Weißen Frau«. Sie handelt vom Geist einer hartherzigen Pflegerfrau, die das Personal gequält, hungrigen Wanderern nichts zu essen gegeben, selbst aber in Saus und Braus gelebt hatte. Zur Strafe für ihren unchristlichen Lebenswandel muss sie auf ewig umgehen. Einmal hatte ein Garmischer Bursch die Nacht vor Kirchweih gewildert, einen Rehbock erlegt und wollte gerade das ausgeweidete Tier zu Tale tragen. Er machte bei der Ruine Werdenfels Rast und plötzlich hatte er das Gefühl, nicht allein zu sein. Als er nach links blickte, sah er eine große, in weißes Leinen gekleidete Gestalt: die »Weiße Frau« von Werdenfels. Sie trug einen riesigen Schlüsselbund in der Hand und wollte den Burschen tiefer in das Ruinengeländе locken. Der Bursche geriet in Panik, ließ seinen Rehbock und seine Büchse fallen und rannte angsterfüllt den Hang hinab. Ob er jemals wieder wildern ging?

*Eva Strauß*

Die Ruine von Burg Werdenfels liegt am Ortsrand von Garmisch. Sie ist frei zugänglich. Mit öffentlichen Verkehrsmitteln vom Bahnhof Garmisch mit Buslinie 4 (Haltestelle Hörmannstraße) zum Pflegersee (der Weg ist ausgeschildert, Parkplatz vorhanden). Von dort führt ein etwa 5km langer ausgeschilderter Burgenlehrpfad (www.gapa.de/tourenplaner) zur Ruine Werdenfels, der über die Burg und ihre Bewohner informiert. In der Hütte vor der Burg besteht eine Einkehrmöglichkeit. Der Pflegersee lädt im Sommer zum Baden ein.

# 29 Marterl für die Triftopfer
## Gefährliche Transporte
## auf der Partnach

Frohgemut marschieren die meisten Wanderer und Wanderinnen Richtung Partnachklamm oder kommen von dort zurück. Die Marterl am Wegrand, die von den Gefahren in der Klamm berichten, werden meist nicht beachtet.

Unter einem Holzkreuz sind in einem Halbkreis fünf hölzerne Bildstöcke, Marterl, aufgestellt. Die Malerei, meist auf einer Metallplatte ausgeführt, ist inzwischen stark verwittert und kaum mehr erkennbar. Die Inschriften sind noch oder wieder gut lesbar.

Ein Marterl erinnert an einen 16-jährigen Knaben, der 1876 vom Blitz erschlagen wurde. Die anderen vier erinnern an Holzarbeiter aus der Umgebung, die während der Arbeit in der Klamm ihr Leben verloren. Im Juli 1853 stürzte der ledige Bürgersohn Johann Martin Grasecker in den Tod, er war erst 22 Jahre alt. Im Juni 1875 ertrank der gerade 30-jährige Weber Josef Weiß bei der Holztrift. Im selben Alter fand auch der verheiratete Anton Fütterer beim Triften den Tod. Noch 1934 verunglückte Josef Wackerle aus Mittergraseck beim Holztriften am Stegroaf.

Triften – das Befördern einzelner Holzstämme im Wasser – wurde auf der Partnach seit Mitte bzw. Ende des 18. Jahrhunderts ausgeübt, da die Freisinger Bischöfe, die Herren der Grafschaft Werdenfels, eine neue Holzordnung ausgaben. Das Holz für den Privatgebrauch durfte nicht willkürlich aus nahe gelegenen Wäldern geschlagen werden, sondern musste von entfernten, unwegsamen Orten geholt werden. Die Bäume wurden nach dem Fällen in ein Meter lange Stücke zersägt, dann mit dem Hauszeichen des neuen Eigentümers markiert und in den Fluss geworfen. Getriftet wurde vornehmlich im Frühjahr, wenn die Partnach infolge der Schneeschmelze viel Wasser führte.

Immer wieder verkeilten sich Baumstämme in den Engstellen und mussten von den Holzarbeitern befreit werden. Sie verwendeten dabei »Grieshaken«, lange Holzstangen mit einem Eisendorn an der Spitze. Die Arbeiter wurden auf einen überdachten Stuhl gesetzt – das Dach sollte vor Steinschlag schützen – und mit Seilen in die enge Klamm hinabgelassen, um dort das Holz wieder in Fahrt zu bringen. Ein gefahrvolles Unterfangen.

Das Marterl erinnert an den Tod beim Triften.

Mit der Säkularisation Anfang des 19. Jahrhunderts kam der bayerische Staat zu viel Waldbesitz und zu einheitlichen Triftverordnungen.
40 Prozent des auf dem Wasserweg beförderten Holzes wurden Mitte
des 19. Jahrhunderts in Bayern getriftet. Nicht nur in schwer zugäng-
lichen Gebirgsklammen, sondern auf allen Flüssen, vor allem auf dem
Regen, der Ilz und der Isar. Der Niedergang kam mit der Industriali-

sierung, als der Waren- und auch der Holztransport vom Wasser auf die Schiene und dann auf die Straße verlegt wurde. Auf der Partnach wurde aber noch bis in die 1960er-Jahre getriftet, bis Forststraßen das Reintal erschlossen.

Bereits Ende des 19. Jahrhunderts unternahm man Anstrengungen, um die Arbeit der Trifter zu erleichtern und sicherer zu machen. So wurden 1886 Eisenträger als Tritte in der Partnachklamm angebracht. Eine neue Wende brachte dann der zu Beginn des 20. Jahrhunderts aufkommende Tourismus. Die ersten Wagemutigen durchstiegen nun auf den Pfaden der Triftarbeiter die Klamm. Die örtliche Alpenvereinssektion begann 1910 mit den zwei Jahre dauernden Arbeiten, die die Partnachklamm für ein breites Publikum erschlossen. Spuren der lebensgefährlichen Triftarbeit sind kaum noch erhalten.

*Eva Strauß*

INFOS

Die Marterl für die Triftopfer befinden sich auf dem Weg zur Partnachklamm. Mit dem Auto fährt man zum Parkplatz Olympiastadion oder mit dem Bus Nummer 1 oder 2 vom Bahnhof Garmisch-Partenkirchen bis Skistadion. Von beiden Punkten sind es ca. 10 Min. Fußweg zu den Bildstöcken. Die Marterl stehen am Beginn der Wanderung durch die Klamm. Für Wanderfreunde seien zwei Tagestouren empfohlen: Mit der Gondel oder zu Fuß zum Eckbauer hoch, der Abstieg führt über Graseck durch die Partnachklamm. Oder man wählt die Wanderung nach Wambach, dem höchstgelegenen Kirchdorf Deutschlands, und geht dann über Hinter-, Mitter- und Vordergraseck durch die Klamm hinab, die Marterln sind am Ende der Wanderungen zu sehen. Eine detaillierte Beschreibung und weitere Tourenvorschläge rund um die Partnachklamm finden sich unter: www.gapa.de/tourenplaner

# 30 Baumaterial für die Residenzstadt
## Der Kalkofen in Lenggries

Dass die Münchner aus dem bayerischen Oberland Holz für ihre Bauten und zum Heizen bezogen, wissen viele, weil Floßfahrten – zur Gaudi – noch heute stattfinden. Neben dem Holz importierten die Münchner aber noch einen weiteren Baurohstoff: Kalk. Auch diesen bezogen sie aus der näheren Umgebung. Zwischen dem Isarwinkel und Landshut gab es etwa 70 Kalköfen. Der letzte steht, inzwischen saniert und herausgeputzt, in Lenggries.

Ursprünglich lebten die meisten Menschen in Lenggries von der Land- und Forstwirtschaft, von der Flößerei und, im Nebenerwerb, von der Kalkbrennerei. Das Handwerk der Kalkbrenner lässt sich bis ins 14. Jahrhundert zurückverfolgen. Für den Betrieb der Öfen war viel Holz notwendig. Da der Holzeinschlag zu erheblichen Verlusten geführt hatte, kam es schon im 15. Jahrhundert zu Verfügungen der Obrigkeit, die die Anzahl von Kalköfen beschränkten.

Die Kalkgewinnung war eine mühselige Arbeit: Zunächst sammelten »Stoaklauberinnen« geeignete Kalksteine vom Isarufer. Dieser schweißtreibenden und gering entlohnten Arbeit gingen fast ausschließlich Frauen nach. Bezahlt wurden die Frauen von den Kalkbrennern. Und auch der Staat, als Besitzer des Flussbettes, musste bezahlt werden. Die Steine wurden nach ihrer Qualität sortiert: Die besten dienten zum Tünchen von Wänden und Mauern, mittlere Qualität wurde für Maurerkalk verwendet und der Ausschuss für den eigenen Bedarf. Kalk war aber nicht nur für den Bau notwendig, sondern auch für das Gerben und Färben. Verwendung fand er auch als Dünger und als Heilmittel.

Der Aufbau der Kalköfen war überall gleich: Im kegelförmigen Ofen wurden die Kalksteine gebrannt. Es entstand gebrannter, ungelöschter Kalk, unter der Zugabe von Wasser gelöschter Kalk und unter Beimengung von Sand der Mörtel. Neben dem Ofen befand sich ein Vorraum für die Arbeiter, die während des vier- bis fünftägigen Brennvorgangs den Ofen nie unbeaufsichtigt lassen durften und sich im Schichtdienst abwechselten. Es gab eine primitive Möblierung mit Tisch, Bänken und einer Pritsche. Ungefährlich war das Handwerk nicht: Die Arbeiter betraten den Ofen nur mit feuchten Lappen an

Ein mühsames und gefährliches Gewerbe war die Kalkgewinnung im Kalkofen.

den Füßen, um der Feuergefahr vorzubeugen. Viele wurden wegen des Kalkstaubs später lungenkrank.

Solange die Isar im Frühjahr Hochwasser führte und immer wieder neues Geröll ins Tal brachte, fand man ausreichend viele Kalksteine an den Orten entlang des Flusses. Zwei- bis siebenmal jährlich wurde gebrannt, der Kalk bis nach München und Landshut transportiert und verkauft. Über den angeschwemmten Rohstoff wurde sorgsam gewacht. So kam es zu Zwistigkeiten zwischen Kalkbrennern, wenn Ortsfremde Kalksteine abklaubten. 1796 nahmen die Lenggrieser Flößer dem Tölzer Flößer Schmidhammer wichtige Handwerksgeräte, Seile und Haken, ab, warfen die eingesammelten Kalksteine von seinem Floß aus in den Fluss zurück und gingen gegen ihn und seine Helfer gewaltsam vor. Die Lenggrieser Obrigkeit billigte diesen Akt von Selbstjustiz. Die gerichtliche Auseinandersetzung über den Vorfall zog sich über mehrere Jahre hin, bis schließlich der Kurfürst eingriff und die Lenggrieser in ihre Schranken wies.

Mit der industriellen Kalkherstellung im 19. Jahrhundert verlor das Kalkbrennen der Flößer und Bauern an Bedeutung. Und als in den 1950er-Jahren zum Schutz gegen Hochwasser der Sylvensteinspeicher gebaut wurde, ging den Kalkbrennern buchstäblich der Rohstoff aus. Schließlich stellte der Kalkofen in Lenggries 1958 seinen Betrieb ein, in

Tölz schloss der letzte 1987. Heute ist der 300 Jahre alte Lenggrieser Kalkofen ein »Mini-Museum«, in dem der Betrieb und das Handwerk ausführlich beschrieben sind.

*Eva Strauß*

**INFOS**

Der Kalkofen befindet sich in der Kalkofenstr. 8 und ist von Apr bis Okt tägl. von 9.00–17.00 geöffnet, der Eintritt ist frei.

Lenggries liegt an der B 13, der Kalkofen steht flussabwärts nahe am linken Isarufer. Vom Bahnhof Lenggries geht man zur Isarstr., über die Isar zur Kalkofenstr.

Gegen eine kleine Gebühr ist eine Broschüre im Gästebüro, Rathausplatz 2, Tel. 0 80 42/5 00 88 00, erhältlich; Öffnungszeiten unter: www.lenggries.de

Die Tour lässt sich mit einer Wanderung am Isarufer entlang nach Bad Tölz und dem Hufbeschlagstand (siehe Fundort 31) verbinden (ca. 9 km). Das Tölzer Stadtmuseum bietet Einblicke in das Leben an der Isar. Hier finden sich auch ein Modell eines Kalkofens und Informationen zur Kalkbrennerei und Köhlerei; Stadtmuseum Bad Tölz, Marktstr. 48, geöffnet Di–So von 10.00–17.00, weitere Informationen unter: Tel. 0 80 41/7 93 51 56, www.bad-toelz.de

# 31 Außer Betrieb
## Der Hufbeschlagstand in Bad Tölz

Die kleine, malerisch an der Isar gelegene Stadt Bad Tölz birgt ein Denkmal, das leicht zu übersehen ist. An der Ecke Lenggrieser Straße/ Römergasse, unweit der Isar, steht ein Hufbeschlagstand, der zur ehemaligen Werkstatt des Schmiedemeisters Franz Dirr »Zum Reitschmied« gehört. Seit ein paar Jahren ist der enge Platz um den Beschlagstand durch eine Eisenkette vor dem Abstellen »unliebsamer Dinge« geschützt. Nur das darüber angebrachte Schild, das ausgerechnet auf einen Gasthof namens *Metzgerbräu* hinweist, wirkt störend. Der auf den ersten Blick etwas martialisch anmutende Hufbeschlagstand und das Hinweisschild darüber veranlasste kürzlich eine Touristin zu der entsetzten Frage: »Was passiert denn hier Gruseliges?« Nein, hier ist nie etwas »Gruseliges« passiert, hier wurden Pferde und Ochsen beschlagen.

In Tölz haben sich schon früh die verschiedensten Handwerke herausgebildet. Gründe dafür waren die viel benutzte Salzstraße und, als wichtiger Transportweg, die Isar. Ab dem 13. Jahrhundert sind Müller, ab dem 14. Jahrhundert Wagner (Stellmacher) und Schmiede nachweisbar. Später folgten Siebmacher, Sägmüller, Lederer und Kürschner, Schuster, Schneider, Bäcker. Das Schmiedehandwerk war eines der ersten, das sich aus dem allgemeinen Hausgewerbe als selbstständiger Beruf herauskristallisierte. Später entstanden aus dem komplexen Tätigkeitsprofil des Schmieds viele spezialisierte Handwerke.

Aus der zweiten Hälfte des 16. Jahrhunderts stammt die Handwerksordnung der Schmiede in Tölz. In 37 Sätzen ist dort festgelegt, wie ein Hufschmied und ein Waffenschmied vorzugehen hatten »nach Ordnung der Schmiedmeister der fürstlichen Hauptstadt München«. In den Bereich des Waffenschmieds fiel das Herstellen von Zimmerhacken, Wagnerbeilen, Zwerhacken, Strohmessern. Der Hufschmied musste Nägel und Hufeisen fertigen und aufschlagen, auch das Beschlagen neuer Wagen gehörte zu seinen Aufgaben. Bis auf einen Satz wurde die Handwerksordnung sicher zumeist befolgt. Der 37. Satz jedoch, der den »guet montag« der Gesellen gänzlich abschaffen sollte, wurde nie ausgeführt.

Ein unscheinbares Denkmal: Der Hufbeschlagstand

Jede Zunft hatte ihren Patron. Die Schmiede fühlten sich beschirmt vom heiligen Eligius. Um 590 bei Limoges in Frankreich geboren, erlernte Eligius ursprünglich das Goldschmiedehandwerk. Später vollbrachte er viele gute Taten, darunter auch die »Wundertat«, die ihn zum Schutzpatron machte: Einem störrischen Pferd, das er beschlagen sollte, schnitt er das Bein ab, befestigte das Hufeisen daran und setzte ihm das Bein wieder an. Die Attribute des Heiligen sind deshalb Hammer, Amboss, Zange und Pferdefuß.

Eligius ziert auch die Wand des neben dem Tölzer Hufbeschlagstand liegenden, im 19. Jahrhundert erbauten Wohnhauses – die Haustüre verweist auf das Jahr 1879 – mit inliegender Schmiede. Je nach Beanspruchung mussten Pferde und Ochsen alle ein bis drei Monate beschlagen werden. Dies geschah am Beschlagstand vor der Schmiede. Meist genügte es, wenn ein Helfer »aufhielt«, d. h. den Fuß des Pferdes zum Beschlagen festhielt. Der Schmied nahm die Eisen ab und schnitt mit dem Rinnmesser das überflüssige Horn aus der Hufsohle. Mit der Hauklinge kürzte man den zu langen Huf. Das neue Eisen wurde aufgeschlagen, geraspelt und eingefettet. Zum Beschlagen der Rinder war oft ein »Zwangstall« angebracht, ein fester Holzständer, in dem die Rinder – selten Pferde – festgebunden und mit Bauchgurten hochgezogen wurden.

Gegen Ende des 18. Jahrhunderts wurde Kritik an der Technik der deutschen Hufschmiede laut, die den Pferden »mehr schadete als nützte«. Man prangerte das zu lange Aufbrennen der glühenden Eisen an und das zu tiefe Ausschneiden der Hufe bis in die durchbluteten Teile hinein. Das feinere englische Rinnmesser löste allmählich das grobe deutsche Wirkmesser ab, doch erst 1940 wurde es verboten. Ab 1895 mussten Hufschmiede staatliche Lehrgänge in Hufbeschlagschulen absolvieren. Hier wurden sie u. a. in Anatomie und dem Erkennen von Huf- und Gelenkskrankheiten ausgebildet. Auch der Umgang mit Tieren war Thema, z. B. die Gefährlichkeit der »eisernen Nasenbremse«, einem Zwangsmittel bei widerspenstigen Pferden.

Am unter Denkmalschutz stehenden Beschlagstand in Bad Tölz werden seit etwa 30 Jahren keine Pferde mehr beschlagen. »Ganz früher san hier aa Ochsen beschlag'n worden, später bloß no Ross´. Aber nach´m Tod vo mei´m Mo hat koana mehr die Schmied übernemma wolln«, meint die Witwe des letzten Schmieds von Tölz. Beschlagen werden Rösser zwar auch heute noch, nur kommt mittlerweile das Pferd nicht mehr zum Schmied, sondern der Schmied – mit gasbetriebener Esse – zum Pferd.

*Ingrid Reuther*

beginnt in der Marktstr. und führt an den Kreuzwegstationen vorbei zur Kirche.

Bad Tölz ist auch die Heimatstadt des »Bullen von Tölz«, und wer möchte, kann sich einem Rundgang auf seinen Spuren anschließen. Neben diesem Stadtspaziergang bieten die »Tölzer Stadtversucherinnen« eine große Anzahl historischer Rundgänge an. Informationen unter: www.toelzer-stadtversucher.de

Brunnen in der
St. Quirinskapelle

# 32 Wohltätige Quellen
## Der Brunnen in der
## St. Quirinskapelle

Rund um den Tegernsee haben drei Quellen dem Land zu Ruhm und Reichtum verholfen. Die erste dieser Quellen befindet sich in der kleinen Quirinskapelle in St. Quirin am Tegernsee. Aus dem in Rotmarmor gefassten, drei Meter tiefen Brunnen lässt sich noch heute das Quirinswasser heraufholen, dem man vor allem bei Augenleiden eine heilende Wirkung nachsagt. Die Quelle geht auf die Gründungszeit des Klosters Tegernsee zurück.

Im 8. Jahrhundert hatten die beiden Brüder Adalbert und Otkar dem Papst bei Kämpfen um Rom beigestanden. Als sie daran gingen, in Tegernsee ein Kloster zu errichten, dessen Auftrag die Missionierung und Kultivierung des Alpenvorlandes war, suchten sie nach Reliquien für den neuen Klosterort. Sie schickten einen Verwandten, Uto, nach Rom, der den Leib eines Märtyrers, des heiligen Quirinus, erhielt. Quirin war im 3. Jahrhundert vom römischen Kaiser enthauptet und in den Tiber geworfen, ans Ufer geschwemmt und in einer Katakombe beerdigt worden.

Um 760 wurde die Reliquie nach Tegernsee überführt. Elementare Wunder, je ein »Feuer-, Wasser- und Blutwunder«, bezeugten ihre Kraft. So berichten es wenigstens die Mönchsbrüder, die später die Quirinspassion verfassten. Die Männer, die den Sarg trugen, waren misstrauisch und fragten sich, ob sich darin tatsächlich die Reliquie des Heiligen befand. Sie erbrachen die Siegel und ihnen schlug Feuer entgegen, das etliche von ihnen tötete. Kurz vor Tegernsee, als man ein letztes Mal rastete und den Wagen mit der Reliquie absetzte, entsprang direkt darunter eine Quelle mit heilkräftigem Wasser. Untersuchungen vor einigen Jahren haben ergeben, dass es sich bei dem Quellwasser weder um Wasser aus dem Tegernsee noch um Grundwasser handelt. Der Ort des Wasserwunders erhielt den Namen des Heiligen. Quirin wurde feierlich in die St. Salvatorkirche gebracht, die Urzelle von Kloster Tegernsee. Hier ereignete sich das »Blutwunder«, als die Reliquie in der Klosterkirche in einen Steinsarg umgebettet werden sollte. Aus dem Reliquiengefäß tropfte frisches Blut auf die Hände der Geistlichen ...

In St. Quirin errichtete man über der Quelle eine kleine hölzerne Kapelle. Im späten Mittelalter erlebte das Kloster Tegernsee einen geistlichen wie baulichen Niedergang; zum Schluss stürzte sogar der Chor der Klosterkirche ein. Die Wende kam mit Kaspar Ayndorffer, der 1426 als 24-Jähriger das Amt des Abtes übernahm. Er führte Reformen durch, renovierte den Klosterbau und ließ die hölzerne Kapelle in St. Quirin durch einen gemauerten Bau ersetzen.

Der Abt hatte das Glück der Tüchtigen – es erstaunt nicht, dass abermals ein »Wunder« geschah. Sei es um 1430 oder um 1440, als ein Mönch, der in St. Quirin die Messe gelesen hatte, aus der Kapelle trat und auf dem See, der damals bis zur Kapelle heranreichte, einen Öl-film entdeckte. Der Mönch stieg in ein Boot, ruderte ans andere Ufer und fand die Quelle. Der Klosterapotheker untersuchte das Öl, es war Erd- oder »Steinöl«. Auch hier erkannte man sofort seine Heilkraft. Der geschäftstüchtige Abt Ayndorffer ließ die neue Quelle fassen, weihte auch das Öl dem heiligen Quirin und vertrieb das Quirinusöl in Fläschchen.

Von der engen Verbundenheit mit dem Kloster Tegernsee profitierte die Kapelle wiederum im 17. Jahrhundert. Bevor man im Kloster die barocke Umgestaltung in Angriff nahm, zeigten die Stuckateure ihre Kunst im Kleinen in der Quirinskapelle. Aus dieser Zeit (1674–1676) stammt auch der Marmorbrunnen mit der Seilwinde, der von der Figur des heiligen Quirin bekrönt wird.

Quirin war auch »Pate« für die dritte Heilquelle im Tegernseer Tal. Mit der Säkularisation wurde Kloster Tegernsee aufgehoben. Die Öl-quelle fiel wie alles andere in den Besitz des Staates. Die Bohrungen nach Öl wurden in den 1820er-Jahren wieder aufgenommen, wegen mangelnder Rentabilität aber 1840 eingestellt. In den 1880er-Jahren wurden nochmals Bohrversuche unternommen. Es fand sich zwar Erd-öl, eine ertragreiche Gewinnung war jedoch letztlich nicht möglich. Bei Bohrungen stieß man aber 1909 auf die größte Jod-Schwefelquelle Deutschlands. Deren Heilkraft wurde sofort erkannt und begründete den Ruf und Reichtum des neuen Bades am Tegernsee, Bad Wiessee.

*Eva Strauß*

Die St.-Quirinskapelle liegt an der Staatsstraße zwischen Gmund und Tegernsee, Richtung Tegernsee auf der linken Seite. Öffentlich erreicht man die Kapelle mit dem Bus (Haltestelle St. Quirin), der zwischen Gmund und Tegernsee verkehrt, oder zu Fuß vom Bahnhof Tegernsee in 20 Min.

Der Tegernsee bietet eine Fülle von Freizeitmöglichkeiten: vom gemütlichen Schifferlfahren oder Spazierengehen am Seeufer, vom Abstecher in das kleine Olaf-Gulbransson-Museum bis hin zu kleinen und großen Wanderwegen in die Bergwelt ringsum. Das *Bräustüberl* an der Klosterkirche St. Quirin glänzt mit bayerischer Küche und einem Bier, das Kultstatus besitzt.

# 33 »Es war ein Schütz in seinen schönsten Jahren ...«
## Der Wildschütz Jennerwein aus Schliersee

Der Beginn des »Jennerwein-Liedes« aus Kiem Paulis *Sammlung Oberbayerischer Volkslieder* weist bereits auf den frühen und gewaltsamen Tod des Wilderers Georg (Girgl) Jennerwein hin: »Es war ein Schütz in seinen schönsten Jahren, er wurde weggeputzt von dieser Welt ...« Sein Grab im Schlierseer Ortsteil Westenhofen wird viel besucht. Verfehlen kann man es nicht, das eiserne Kreuz mit dem Bild des Wildschützen. Jennerwein verdankt seine Berühmtheit – um die Jahrhundertwende zierte sein Konterfei Pfeifenköpfe, Bierkrugdeckel, Suppenteller – ausschließlich den Umständen seines Todes. Er war jung, 29 Jahre alt, und er wurde ermordet – hinterrücks von einem Jäger. Der Stoff, aus dem Legenden sind ...

Georg Jennerwein war der uneheliche Sohn von Maria Jennerwein, der Tochter eines Kleinbauern. Er arbeitete als Holzknecht in der Schlierseer Gegend. Holzknechte waren harte Burschen, sie kannten jeden Steig, jeden Grat, wussten, wo das Wild sich aufhält. Kein Wunder also, dass etliche mit dem Wildern begannen. So auch Jennerwein. Und nicht nur, dass er wilderte und alle es wussten, er hatte auch ein loses Mundwerk. Einem Jäger zeigte er seinen Gamsbart mit den Worten: »Schau, Jager, solch schöne Buschen wachsen in meinem Garten.« An den Wochentagen blieben die Holzknechte im Wald auf den Bergen, nur sonntags kamen sie ins Dorfwirtshaus oder besuchten die Sennerinnen auf den Almen. Der »Girgl« war bei den Mädchen beliebt und das brachte ihn, so wird erzählt, wegen einer schönen Sennerin mit dem Jagdgehilfen Pföderl in Konflikt. Ob diese Geschichte stimmt, ist nicht belegt. Sicher ist aber, dass Jennerwein den Pföderl verspottete, wo immer es möglich war, und so die Feindschaft schürte.

Es war am 6. November 1877, dem Leonharditag. Georg Jennerwein saß ahnungslos am Peißenberg auf einem Baumstumpf, die Büchse quer über die Knie gelegt, als ihn die Kugel des Jagdgehilfen von hinten traf. Anfangs machte man sich am Schliersee keine Gedanken um den Verbleib Jennerweins, aber nach ein paar Tagen wurde man

Grab des Wilderers Georg Jennerwein in Schliersee

unruhig und misstrauisch. Schließlich machten sich Suchkommandos auf. Erst nach sieben Tagen fand man ihn, am 13. November.

Es muss ein grausiger Anblick gewesen sein. Der Kopf war verstümmelt, der Unterkiefer zerschmettert, ein Teil der Wange fehlte. Schuh und Strumpf des rechten Fußes lagen neben der Leiche, die große Zehe war in den Abzugsbügel des Gewehres geklemmt, der Lauf zeigte auf das Kinn. Sollte er Selbstmord begangen haben? Dann entdeckte man die Schusswunde im Rücken und allen war klar, hier war ein ebenso rücksichtsloser wie dummer Mord geschehen. Sofort kamen die Jäger in Verdacht. Zuerst allerdings der falsche, der Jäger Lerchenauer. Niemand weiß, wie das ausgegangen wäre – Lerchenauer wurde zweimal aus dem Hinterhalt beschossen –, hätten sich nicht der Bauer Sumperer und die alte Stauchin eingemischt und bestätigt, dass Lerchenauer an diesem Tag am Wallberg gewesen war.

Es dauerte noch eine Weile, bis der Jagdgehilfe Pföderl die Tat zugeben musste. Pföderl hatte den tödlichen Schuss von hinten abgegeben, war später zurückgekommen und hatte durch die beiden Schüsse in den Kopf einen Selbstmord vortäuschen wollen. Aber er fand milde Richter. Die Umstände der Tat wurden heruntergespielt, dem Jagdgehilfen seine Tüchtigkeit und auch die Gefährlichkeit seines Berufes hoch angerechnet. Die Anklage wegen Mordes wurde fallen gelassen, das Urteil lautete auf lediglich acht Monate Gefängnis.

Nach seiner Entlassung wurde er Jagdgehilfe in Valepp über dem Spitzingsee. Die Strafe, die seine Landsleute für ihn bereithielten, war schlimmer als das Gerichtsurteil. Überall schlug ihm Verachtung entgegen, niemand wollte mit ihm mehr etwas zu tun haben. Pföderl starb – vereinsamt und dem Alkohol ergeben – 1889 im Tegernseer Krankenhaus.

Um den Wildschützen aber rankten sich Legenden, und er wurde mehr und mehr zum Helden. Nachdem sich jahrelang an seinem Todestag Burschen mit geschwärzten Gesichtern, das Jennerwein-Lied singend, am Grab trafen, und an seinem 99. Todestag sogar eine gewilderte Gams am Grabkreuz hing, sah man sich gezwungen, am Grabkreuz eine kleine Tafel »Bitte!! Keinen Kult an diesem Grab!« anzubringen.

*Ingrid Reuther*

Schliersee ist mit dem Auto über die A 8, Ausfahrt Weyarn, zu erreichen sowie mit der Bayerischen Oberlandbahn (BOB). Vom Bahnhof bis zum Friedhof sind es etwa 10 Min. zu Fuß.

Wie sehr der Wildschütz die Menschen auch heute noch bewegt, wurde anlässlich der Dorf-Festspielwochen 2013 im Freilichtmuseum von Markus Wasmeier in Schliersee/Neuhaus deutlich: 3 000 Zuschauer begeisterten sich an dem Freilichttheater »Jennerwein – Bluat vo da Gams«. (Informationen zum Freilichtmuseum unter: www.wasmeier.de)

Wer Lust auf eine Erfrischung hat und beim Thema Jennerwein bleiben möchte, dem sei ein Besuch im *Café Wildschütz Jennerwein* in der Bahnhofstr. 11 empfohlen,. tägl. geöffnet von 9.00–18.00.

Der Besuch des Jennerweingrabes lässt sich in Kombination mit Fundort-Tour 34 (»Die Ruine Hohenwaldeck über dem Schliersee«) zu einer schönen Tageswanderung ausdehnen.

# 34 Bemooste Burgenromantik
## Die Ruine Hohenwaldeck über dem Schliersee

200 Meter über dem Schliersee, bei den Überresten der ehemaligen Burg Hohenwaldeck, genießen Wanderer einen prächtigen Blick auf den See. Zwar ist der Burgplatz bereits seit beinahe 600 Jahren verlassen, aber er hat doch einer mehrhundertjährigen Herrschaft den Namen gegeben.

Der Name Waldeck taucht erstmals Mitte des 12. Jahrhunderts auf, die Adelsfamilie lässt sich bis in das 11. Jahrhundert zurückverfolgen. Die Waldecker waren zunächst Dienstleute des Freisinger Hochstifts, dem die Gegend um den Schliersee gehörte. Vermutlich waren sie vom Bistum mit Rodungsarbeiten beauftragt worden und übten Schutzrechte über das erschlossene Land aus, und sie waren auch Vögte des Klosters Schliersee. Das Amt vererbten sie innerhalb der Familie. So war es ihnen möglich, eine eigene lokale Adelsherrschaft zu begründen und auszubauen. Dabei wurde die ursprünglich bischöfliche Macht zunehmend ausgehöhlt. Ihr Streben nach Unabhängigkeit untermauerten die Waldecker, indem sie ihre Burgen befestigten, darunter auch Hohenwaldeck. Diese Burg war wohl Ende des 13. Jahrhunderts dem Freisinger Bischof zum Trotz erbaut worden. 1301 und 1312 taucht ihr Name bei der Schlichtung von Erbstreitigkeiten innerhalb der Waldecker Familie auf.

Für die Wahl der exponierten Burglage über dem Schliersee war sicherlich der Wunsch ausschlaggebend, ein sichtbares Herrschaftssymbol zu errichten. Der Bergsporn war damals nicht so bewaldet wie heute. Aber ein angenehmes Leben ist auf einer solchen Burg schwer vorstellbar. Wer brachte die Nahrungsmittel hinauf? Bei Regen verwandelten sich die Wege in Schlamm. Woher kam das Trinkwasser? Die Brunnenschächte waren keineswegs tief genug, um zum Grundwasser zu gelangen. Schutz gegen feindliche Belagerung bot die Anlage kaum. Wenn Belagerer das Umland in ihrer Hand hatten, war die Burg schnell ausgehungert. Die Lage auf etwa 1000 Metern war ungünstig in einer Region, in der der Winter mit Eis und Schnee schon früh im Jahr Einzug hält.

Der beste Ausblick auf den Schliersee

So ist es wenig verwunderlich, dass die Burg entweder schon um 1380 oder endgültig um 1420 von ihren Herren verlassen wurde. Mit der Verlegung des Gerichts nach Schliersee hatte sie zudem ihre Verwaltungsfunktion verloren.

1480 riss ein Felsabsturz Teile der Burganlage mit in die Tiefe. Der Rest verfiel in den darauf folgenden Jahrhunderten.

Wie ging es mit den Waldeckern weiter? Nachdem sie ihre weltliche Herrschaft hatten durchsetzen können, waren die bayerischen Herzöge ihre Gegenspieler. Diese versuchten die Oberhoheit über das Gebiet zu beanspruchen. Nachteilig für die Waldecker wirkten sich ihre Erbteilungen aus, die einen Machtausbau beeinträchtigten. Doch Mitte des 15. Jahrhunderts wird Hohenwaldeck als »reichsunmittelbares Gebiet« genannt, das nunmehr einzig den Kaiser als Herrn über sich hatte. Lange konnten sich die Waldecker an diesem Status, vom Kaiser bestätigt, nicht erfreuen, ihr Geschlecht starb schon 1483 aus. Die Herrschaft kam in verschiedene Hände, und schließlich stritten der Kaiser und der bayerische Herzog Albrecht IV. um die Oberhoheit über die Waldecker Gebiete. Nachdem Letzterer 1504 verzichtet hatte, verkaufte der Kaiser die Herrschaft an das Adelsgeschlecht der Maxlrainer (Schloss Maxlrain liegt nahe Bad Aibling), und erneut wurde das Reichslehen bestätigt. Die Maxlrainer schlossen mit den bayerischen Herzögen über die Anerkennung verschiedene Abkommen und regelten dabei, dass bei einem Aussterben der männlichen Maxlrainer

Linie der Besitz an die Wittelsbacher fallen sollte. Der letzte Maxlrainer starb 1734, und damit fiel die Herrschaft Hohenwaldeck endgültig an die Wittelsbacher.

*Eva Strauß*

**INFOS**

Die Reste der Burg Hohenwaldeck bei Fischhausen sind frei zugänglich.
Mit dem Auto nach Schliersee zum Parkplatz Unterleiten oder nach Fischhausen zum *Gasthaus Schnapperwirt*. Mit dem Zug entweder bis Schliersee oder Fischhausen. Der Wanderweg W6 von Schliersee zur Ruine hoch ist der einfachere, aber längere und dauert vom Bahnhof Schliersee bis Oberleiten ca. eine Std., von dort etwa eine dreiviertel Std. hoch zur Ruine. Der Weg von Fischhausen ist kürzer, steiler und als informativer Geschichts- und Naturwanderweg angelegt. Abstieg entweder auf demselben Weg oder zum anderen Ort und mit dem Schiff oder Bus oder zu Fuß zurück. Eine gute und detaillierte Wegbeschreibung findet sich unter: www.auf-den-berg.de oder www.bergfex.de

# 35 »Gründerin dieses Ortes«
## Gräfin Haziga in Geitau

Kunstsinnige werden im Leitzachtal die gemauerten Kirchen in Bayrischzell und in Fischbachau besichtigen. In beiden Kirchen gibt es an zentraler Stelle – in Fischbachau am Hochaltar, in Bayrischzell am Deckenfresko – Darstellungen, die die Gräfin Haziga bei der Gründung der Zeller Kirche bzw. dem Kloster Fischbachau zeigen.

Haziga ist aber nicht nur in diesen Kirchen präsent, sondern auch in einer unscheinbaren Kapelle in dem kleinen Ort Geitau, der zwischen Bayrischzell und Fischbachau liegt. Von außen gänzlich schmucklos, mit Holzbrettern verkleidet, steht die Kapelle auf der Wiese eines Bauernhofes. Es empfiehlt sich, sich von dem Bauern den Schlüssel geben zu lassen – was gern und ohne Umstände getan wird –, denn die Einzigartigkeit der Kapelle erschließt sich erst von innen. Sie ist mit Bildern überreich ausgestattet. Die meisten sind auf Holz gemalt und stammen vom Beginn des 17. Jahrhunderts. Zum Teil wurden sie nach der Säkularisation aus dem Kloster Fischbachau hierher gebracht. Deutlich ist an einigen Bildnissen zu sehen, dass sie nicht für diesen Kirchenbau gefertigt wurden und später eingefügt worden sind.

An der Dachschräge ist ein großes Tafelbild angebracht, das Gräfin Haziga mit dem Kirchenmodell von Fischbachau in der Hand zeigt, sie also als Stifterin ausweist. Darunter steht in lateinischer Schrift: »Haziga von Aragón, einst Gattin Ottos, Graf von Scheyern, Gründerin dieses Ortes«.

Wer war diese Haziga? Über ihre Herkunft, ihr Geburtsjahr wissen die Historiker nichts. Die meisten Nachrichten überlieferte der Mönch und spätere Abt Konrad von Scheyern, der um 1220 seine Aufzeichnungen verfasste. Bekannt ist, dass Haziga in erster Ehe mit Hermann, dem Grafen von Kastl (in der Oberpfalz), verheiratet war, der um 1050 verstarb. Danach heiratete Haziga den Grafen Otto von Scheyern und gebar drei Söhne. Ihr Urenkel wurde als erster Wittelsbacher Herzog von Bayern.

Hazigas erster Ehemann hatte das Waldland um den Wendelstein für sich und Haziga in Besitz genommen. Nachdem der Wald gerodet war und das Land besiedelt werden konnte, kamen zwei Laienbrüder, Otto und Adelprecht, in das Gebiet, lebten als Einsiedler und errichteten eine Kirche bei »Helingersweng« (heute: Bayrischzell). Auf Verlangen Hazigas und des mit ihr verwandten Freisinger Bischofs wurde die

Gräfin Haziga, Stifterin des Klosters Fischbachau

Kirche 1077 geweiht. Haziga suchte die Stätte häufig auf; zusammen mit ihren Söhnen machte sie Stiftungen (Grundbesitz) an diese Kirche. Die Bruderschaft bekam Zulauf und Haziga übertrug die Kirche den Benediktinern in Hirsau (Schwarzwald). Von dort wurde die Klostergemeinschaft reformiert, der Hirsauer Abt schickte zwölf Mönche und zwölf Laienbrüder und trug ihnen auf, nach der Hirsauer Regel zu leben. Die Brüder kamen jedoch mit den Lebensbedingungen nicht zurecht, auch weil sie »wegen der schwierigen Wegverhältnisse und der rauen Wälder die Lebensmittel nicht dorthin zu schaffen vermochten«, wie es der Chronist Konrad von Scheyern vermerkt. Sie wandten sich an Haziga, die mit dem Freisinger Bischof verhandelte und das Gebiet gegen einen geeigneteren Klosterort eintauschte. So wechselten die Mönche von Bayrischzell nach Fischbachau. Dort gab die Gräfin einen weiteren Kirchenbau in Auftrag, der 1087 geweiht wurde, außerdem ließ sie hier das Kloster zu Ehren des heiligen Martin erbauen. Später sorgte Haziga zusammen mit dem Abt dafür, dass das Kloster Fischbachau dem Heiligen Stuhl in Rom direkt unterstellt wurde.

Haziga starb 1103 oder 1104. Obwohl oder auch gerade weil das Kloster weiterhin florierte, meinte der Abt, »dass der Ort Vispach für die mönchische Lebensweise nicht geeignet sei und man in vielen Dingen Beschwernis zu erdulden habe«. Entgegen der benediktinischen Ordensregel, die die Ortsbeständigkeit der Gemeinschaft vorschreibt, zogen die Mönche 1104 abermals um, in die Burg Glaneck am Petersberg bei Dachau. Bereits 1119 erfolgte der nächste und letzte Umzug der Mönche in die Burg Scheyern, welche die Grafenfamilie den Benediktinern überließ. Nach der Verlegung des Klosters nach Scheyern wurde Fischbachau zur Propstei, 1803 wurde mit der Säkularisation das Kloster aufgehoben und so kam das Bild der Ahnherrin in die kleine Kapelle in Geitau, gerettet von Einheimischen und Mönchen vor den Kommissaren der Klosteraufhebungskommission.

*Eva Strauß*

**INFOS**

Die Kapelle liegt auf dem Anwesen des Gödenbauernhofes, Geitau 36. Der Schlüssel kann beim Bauern geholt werden. Geitau liegt an der Staatsstr. 307 zwischen Miesbach und Bayrischzell. Die Bahn von München nach Bayrischzell hält auch in Geitau, von dort ist man in 10 Min. an der Kapelle.

Wer sich weiter auf die Spuren Hazigas (Hedwigs) begeben will, dem sei ein Besuch Fischbachaus empfohlen. Die dortige Friedhofskirche Mariä Schutz entstand als erste Klosterkirche vor 1100. Die äußerlich romanische Pfarrkirche St. Martin (Martinsweg) ebenda wurde von Wessobrunner Künstlern im Rokokostil ausgestattet.

# 36 Der Müllner-Peter von Sachrang
## Lebensspuren eines vielseitigen Bergbauern und Heilers aus dem Chiemgau

Peter Huber ist über die Grenzen seines Dorfes hinaus berühmt geworden. Carl-Oskar Renner verfasste einen Roman über ihn, im Fernsehen lief der dreiteilige Film *Eine Chronik aus den Bergen*. So wurde der Mann aus Sachrang im Priental einem breiten Publikum bekannt. Peter Huber lebte von 1766 bis 1843. Er wuchs im abgeschiedenen Weiler Aschach, Gemeinde Sachrang, auf. Über seine Kindheit ist wenig bekannt, möglicherweise hat er zeitweise ein Gymnasium besucht, vielleicht war er für eine geistliche Laufbahn vorgesehen.

Bekannt wurde er als Müllner-Peter, genannt nach dem Hofnamen, der Mühle in Aschach. Er war aber nicht nur Müller, sondern auch Sägewerksbetreiber und Bauer, Heilkundiger, Musiker, Gemeindevorsteher und Kirchenpfleger. Peter Huber lag auch viel an der Schulbildung der Sachranger Kinder, er besserte mit einer Stiftung das Gehalt des Dorfschullehrers auf.

Als »Doktor« für Mensch und Vieh machte sich Peter Huber weit über Sachrang hinaus einen Namen. Die Aufzeichnungen seiner heilkundlichen Rezepturen und Anwendungen sind heute noch – oder besser gesagt: wieder – von Interesse. Eines der wichtigsten Naturheilmittel war für ihn der beißendscharfe Meerrettich. Zur Ausscheidung krankmachender Stoffe, die als Ursache für Infektionen, chronische Entzündungen und Krebsgeschwüre galten, sollte jeden Morgen ein Esslöffel frisch geriebener Meerrettich eingenommen werden. Bei Krätze und Hautausschlägen empfahl er, die befallenen Stellen mit gesalzenem Urin abzuwaschen. Zur Desinfektion von Krankenzimmern verordnete er das Verdampfen eines Kräutersuds aus Raute, Salbei, Minze, Rosmarin und Lavendel, in Weinessig erwärmt und mit Kampfer versetzt.

Peter Huber hatte auch musikalische Talente und war als Organist und Chorleiter tätig. Er beherrschte mehrere Instrumente (Violine, Viola, Cello, Kontrabass, Orgel), sammelte Noten, komponierte geistliche Lieder und kleinere Kirchenwerke. Darüber hinaus eignete

Museum im ehemaligen Schulhaus in Sachrang mit Heilkräutergarten

er sich Latein, Französisch und Italienisch an und besaß eine ausgewählte Bibliothek.

Peter Huber war bereits 47 Jahre alt, als er 1813 die 31-jährige Bauerntochter Maria Hell heiratete. Seine Frau war ebenfalls musikalisch, malte und teilte seine geistigen Interessen. Im Museum sind wohl von ihr persönlich bemalte Aussteuermöbel zu sehen. Die Ehe blieb kinderlos. Maria Hell ertrank 1824 im Alter von 42 Jahren in der hochwasserführenden Prien. Der Witwer ging keine zweite Ehe ein. Peter Huber konzentrierte sich nach dem Tod seiner Frau auf das Vorhaben, die baufällige Ölbergkapelle, ein altes, sehenswürdiges Wallfahrtskirchlein bei Sachrang, zu restaurieren. Die Kapelle war seit der Säkularisation (1803) immer mehr verfallen. 1834 wurde er Kirchenpfleger und blieb bis zu seinem Tod religiös engagiert.

Im gleichen Jahr adoptierte er den 17-jährigen Sohn seiner Schwester, der musikalisch begabt war, und setzte ihn zu seinem Erben für Mühle, Hof und persönliches Hab und Gut ein. Peter Huber starb 1843 im Alter von 77 Jahren und wurde auf dem Sachranger Friedhof bestattet.

Erst 90 Jahre später begann ein Schullehrer aufzuschreiben, was über den Müllner-Peter erzählt wurde. 1973 gründete sich der »Freundeskreis Müllner-Peter von Sachrang«, der seither alle Zeugnisse aus dem Leben dieses Mannes sammelt. Ein pädagogisch ausgezeichnet gestaltetes Museum in der alten Dorfschule in Sachrang, ein Heilkräutergarten und ein zweistündiger »Öko-Kultur-Wanderweg« informieren über die Lebensverhältnisse, führen zur Mühle in Aschach, zur Ölbergkapelle und zum Grab. Der Weg, der an mehreren Gehöften und Sennhütten vorbeiführt, dokumentiert zugleich die Rettung der Berglandwirtschaft durch die Umstellung auf ökologischen Landbau.

*Rita Sperl*

INFOS

Mit dem Auto über die A 8, Ausfahrt Frasdorf, weiter Richtung Aschau im Chiemgau, von dort nach Sachrang. Busse fahren Mo–Sa von Aschau, Felden oder Bernau nach Sachrang, Auskunft: RVO Rosenheim (www.rvo-bus.de). Das Müllner-Peter-Museum befindet sich im alten Schulhaus in der Schulstr. 3. Geöffnet Mai–Okt Do, Sa, So 14.00–17.00, Mi 10.30–12.30, vom 26.Dez–6.Jan tägl. von 14.00–17.00.
Wenn man eine Gruppenführung bucht, bietet der Museumsverein die Möglichkeit, dies mit einem traditionellen Brotbacken im Backhäusl zu verbinden. Ferner werden auch Lesungen und Musikveranstaltungen im Museum angeboten. Informationen unter: www.muellner-peter-von-sachrang.de
Man sollte sich Zeit für eine Wanderung nach Aschau auf dem »Boarischen Entschleunigungsweg« nehmen und sich auf den zahlreichen »Bankerln« zum Schauen, Spüren und Durchatmen niederlassen. Wer sich nach Erfrischung und Belebung sehnt, kann die Kneippanlagen zum Wassertreten aufsuchen oder im Natur-Moor-Freischwimmbad in Aschau eine Runde schwimmen. Weil das naturgemäß hungrig macht, empfiehlt sich eine Einkehr in der *Ess.Schmiede* in Aschau (historisches Gebäude). Ganz fein und edel kann man sich in der *Residenz* von Heinz Winkler, einem der bekanntesten deutschen Sterneköche, kulinarisch verzaubern lassen.

# 37 Ungesühnte Lynchjustiz
## Das blutige Ende der Räterepublik in Kolbermoor

Am 4. Mai 1919, morgens um neun Uhr, endete in Kolbermoor die Räterepublik mit einer Bluttat: Zwölf Weißgardisten ermordeten den Kolbermoorer Volksratsvorsitzenden und Bürgermeister Georg Schuhmann und seinen Sekretär Alois Lahn. Die Revolution, die unter Kurt Eisner im November 1918 ohne Blutvergießen begonnen hatte, radikalisierte sich nach seiner Ermordung im Februar 1919 zunehmend und endete schließlich Anfang Mai 1919 in erbitterten Kämpfen zwischen den »Weißen Garden« und der »Roten Armee«.

Georg Schuhmann, Installateur, war 32 Jahre alt, als er nach Ende des Ersten Weltkrieges am 15. November 1918 als »Soldat in der Sanierung« zu seiner Schwester nach Kolbermoor zog. Acht Tage vorher hatte Kurt Eisner in München die Republik ausgerufen und zur Bildung von Arbeiter-, Soldaten- und Bauernräten aufgerufen. Bayernweit gab es bald 6 000 bis 7 000 Räteorganisationen. In der Arbeiterstadt Kolbermoor gründete sich am 11. November 1918 der »Volksrat Kolbermoor«.

In den Volksratssitzungen waren die katastrophale Versorgungslage, die gerechte Verteilung der Lebensmittel und die zu hohen Preise zentrales Thema. Bald wurde der Volksrat kritisiert, »er schlafe«. Am 8. Januar 1919 kam es zu Neuwahlen. Sechs Vertreter der Arbeiterschaft, ein Lehrer, ein Bürgerlicher und ein Vertreter der Landwirte kamen in den Volksrat. Erster Vorsitzender wurde Georg Schuhmann.

Der neue Volksrat war sehr um soziale Gerechtigkeit bemüht. Unter Schuhmann wurden Schleichhandel und Wucherpreise streng kontrolliert. Einfluss und Ansehen Schuhmanns wuchsen. Bald hielt er im Zimmer des Bürgermeisters regelmäßige Bürostunden ab. Als der Bürgermeister zurücktrat, übernahm Georg Schuhmann die Amtsgeschäfte.

Dann überschlugen sich in München die Ereignisse:

Am 21. Februar 1919 erschoss Graf Anton von Arco-Valley auf offener Straße Kurt Eisner. Die Stadt verwandelte sich in einen brodelnden Hexenkessel. Spartakisten, Kommunisten, Mitglieder der linken USPD (Unabhängige SPD) und der MSPD (Mehrheits-SPD) schlossen sich zum »Zentralrat der Bayerischen Republik« zusammen und riefen

Grab des von Weißgardisten ermordeten Georg Schuhmann.

gemeinsam mit dem »Revolutionären Arbeiterrat« am 7. April die Bayerische Räterepublik aus. Sie dauerte ganze sechs Tage.

Am 13. April rissen die Kommunisten nach einem Putschversuch republikanischer Soldaten die Macht an sich, entwaffneten das Bürgertum, bewaffneten das Proletariat und stellten eine »Rote Armee« auf. Die MSPD rief Regierungstruppen sowie die Freikorps, die »Weißen Garden« (= paramilitärische Gruppen), zu Hilfe. Die Antwort der Kommunisten war die Proklamation der »Diktatur der Roten Armee«. In den ersten Maitagen kam es zu wilden Schießereien mit großen Verlusten auf Seiten der »Roten Armee«. Nach dem »roten Terror« wütete jetzt der »weiße Terror«, zuerst in München, dann auf dem Land – und erreichte schließlich auch Kolbermoor.

Am 2. Mai war die Stadt von Truppen eingekreist, Widerstand zwecklos. Georg Schuhmann verhandelte mit Oberst Mieg: Schuhmann sollte sich den Regierungstruppen stellen, in Schutzhaft genommen und nach München gebracht werden. Die Abmachung entpuppte sich als wertlos.

In den frühen Morgenstunden des 4. Mai drangen zwölf Grafinger Weißgardisten in die Wohnungen von Georg Schuhmann und des 18-jährigen Alois Lahn ein und misshandelten beide schwer. Lahns Vater berichtete: »Sie warfen ihn gegen den jenseitigen Gartenzaun, wo er sich an einem Pfosten ein Loch in den Kopf schlug. Mir, der ich nachging, wurde mit Erschießen gedroht. Mein Sohn wurde in die Höhe gerissen, mit Gewehrkolben wieder niedergeschlagen, einer schlug ihm mit der Schreibmaschine die Hirnschale ein.« Mehr tot als lebendig wurden Schuhmann und Lahn zur Tonwerks-Bahnunterführung geschleift und von zwei Angehörigen des Grafinger Freikorps, einem Kunstgewerbeschüler aus München und einem Bäckergehilfen aus Abensberg, erschossen. Schuhmann und Lahn wurden auf dem Friedhof in Kolbermoor beigesetzt. Ein Trauerzug war verboten worden, trotzdem war der Friedhof schwarz vor Menschen.

Sechs Wochen später ersuchte Lahns Vater das Kriegsministerium um Ermittlung der Umstände. Im Dezember standen die Täter vor Gericht, im Januar 1920 wurden sie freigesprochen. Die unglaubliche Begründung: Es habe den Tätern das Bewusstsein der Widerrechtlichkeit der Tötung gefehlt bzw. könne ihnen nicht nachgewiesen werden.

An Georg Schuhmann erinnert eine Gedenktafel an seinem Geburtshaus, Haus Nr. 3, in der 1947 nach ihm benannten Straße. Seit Mai 1999 steht an der Stelle, an der die Morde geschahen, eine Gedenktafel. Aber die Räterepublik zog auch 80 Jahre später noch Hass auf sich: Schon nach kurzer Zeit zerstörten Unbekannte die Tafel so, dass sie ersetzt werden musste. Auch auf die neue Gedenktafel wurde ein paar Monate später ein Säureanschlag verübt, sie konnte aber wiederhergestellt werden.

Wie wenig vergangen die Vergangenheit wirklich ist, zeigt auch ein Vorfall aus dem Jahr 2009. Auf einem Rundgang zum 90-jährigen Gedenken an die Räterepublik nahmen vier junge Männer teil, mit der offensichtlichen Absicht, zu stören. Provokant behaupteten sie, Mitglieder der »Grafinger Weißgardisten« zu sein. Der perfide Gipfel der

Geschmacklosigkeit war die alte Schreibmaschine, die einer von ihnen auf dem Rücken trug – ein Erinnerungszeichen an die, mit der Alois Lahn der Schädel eingeschlagen worden war. Glücklicherweise reagierte der Leiter des Rundganges, Andreas Salomon, besonnen. Schließlich stiegen die vier in ein Auto, auf dem ein Hitlerbild prangte ...

*Ingrid Reuther*

INFOS

Kolbermoor erreicht man mit dem Auto über die A 8, Ausfahrt Rosenheim, dann weiter auf der Landstraße, oder mit dem Regionalzug. Vom Bahnhof sind es etwa 20 Gehmin. zu allen drei Gedenkorten. Der Friedhof befindet sich in der Ludwigstr., das Denkmal am Bahndamm auf der anderen Seite der Gleise.

Wer sich näher mit diesem Thema auseinandersetzen möchte, dem sei das Buch *Auf den Spuren von Georg Schuhmann und Alois Lahn – Ein Beitrag zur Kolbermoorer Räterepublik* von Andreas Salomon (Hg.) empfohlen.

Sehenswert in Kolbermoor ist das Heimat- und Industriemuseum in der Bahnhofstr. 12, geöffnet Sa und So von 14.00–18.00, Einlass bis 17.00. Auf Anfrage werden Sonderöffnungszeiten und Führungen angeboten, am besten per E-Mail an die Adresse heimatmuseum.kolbermoor@t-online.de oder per Fax an die Nr. 0 80 31/92 04 86. Weitere Informationen im Internet unter: heimatmuseum-kolbermoor.byseum.de

# 38 Ein Gemeinschaftswerk bayerischer Frauen
## Das Theresien-Monument in Bad Aibling

»Die Bewohner des K.(öniglichen) Landgerichts Rosenheim und theilnehmende Frauen aus allen Gauen Bayerns verewigten hier ihre und ihrer Königin Mutter opfernde Liebe. Am 1. Juni 1835 (...)«. Diese Inschrift befindet sich auf der Nordseite des Theresien-Monuments in Bad Aibling. Der Anlass für die Denkmalserrichtung wird in einer Inschrift auf der Ostseite deutlich: »König Ludwigs zweitgeborener Sohn Otto riß sich hier vom Mutterherzen, um der Koenig und Retter Griechenlands zu werden. Am 6. Dezember 1832«.

Das Denkmal steht an der Stelle, an der sich Königin Therese von Bayern, Gattin von Ludwig I., von ihrem 17-jährigen Sohn verabschiedete, der als künftiger König die Reise ins befreite Griechenland antrat. Eingeweiht wurde es am 1. Juni 1835, dem Tag der Volljährigkeit des Prinzen.

Wie kam ein Wittelsbacher Prinz auf den griechischen Königsthron? In Griechenland, seit Jahrhunderten unter islamisch-osmanischer Herrschaft, war 1814 eine nationale Befreiungsbewegung aufgekeimt, die zu einem Freiheitskrieg (1821–1829) führte. Zugleich hatte sich mit der Entdeckung der antiken Kulturstätten in vielen Ländern Europas eine Griechenlandbegeisterung ausgebreitet, die auch der bayerische König Ludwig I. teilte. Viele Freiwillige und offizielle Truppen unterstützten den griechischen Befreiungskrieg.

Die europäischen »Schutzmächte« Griechenlands entschieden 1832 in London, dass Ludwigs zweiter Sohn Otto griechischer König werden und Griechenland zu einem »modernen« Staat machen solle. König Otto I. von Griechenland verkannte allerdings die Zeichen der Zeit: Er regierte absolutistisch und verweigerte zu lange politische Mitspracherechte. 1862 wurde er gestürzt und kehrte enttäuscht nach Bayern zurück.

Diesen Verlauf erahnte freilich niemand, als die bayerischen Patrioten 1832 den Prinzen verabschiedeten. Mit der Errichtung von drei Denkmalen sollte an diesen historischen Moment gedacht werden.

Das neugotische Theresien-Monument

Eines davon, das Theresien-Monument, entstand zur Erinnerung an den mütterlichen Trennungsschmerz.

Die Gestaltung des Denkmals – den Entwurf fertigte der Architekt Georg Friedrich Ziebland – lässt eher einen religiösen denn einen weltlichen Hintergrund vermuten. Der Form nach gleicht es dem ornamentalen Giebel einer gotischen Kathedrale oder einem steinernen Altaraufsatz, in dessen Mitte eine in Erz gegossene Madonna mit Kind thront. Die »Muttergottes« und die bayerische »Landesmutter« verschmelzen in diesem Bauwerk symbolisch. Am Sockel befinden sich acht Wappen, die die acht bayerischen Kreise repräsentieren. Das Monument stammt aus der Anfangszeit säkularer Denkmalsgestaltung, als die Künstler sich an klassischen oder religiösen Motiven orientierten.

Die Errichtung des Denkmals ging auf private Initiative zurück. Zum einen spendeten die Bewohner des Landgerichts Rosenheim zu diesem Zweck Geld, zum anderen gründete sich ein bayerischer Frauenverein, der Frauen landesweit zur finanziellen Beteiligung aufrief und auf großen Zuspruch stieß. Dies war endlich ein Anlass für Frauen aus Adel, Beamtenschaft und Besitzbürgertum, sich zu organisieren, ein gemeinsames Werk auf den Weg zu bringen und die patriotische Gesinnung der »Frauen und Mütter Bayerns« öffentlich zu demonstrieren. Die Frauen der »Honoratioren«, meist Gattinnen von königlichen Beamten, taten sich als Spendensammlerinnen hervor. Die Abwicklung der Vereinsgeschäfte, Kassenführung und Schriftverkehr, überließen sie in »Staats- und Finanzangelegenheiten erfahrenen« Männern. Es ist nicht bekannt, wie viele Frauen sich beteiligten. Wahrscheinlich löste sich der Verein nach der Sammelaktion wieder auf.

Der Aufbruch nach Griechenland wurde mehrfach dargestellt: So ist an der Fassade des ehemaligen »Duschlbräu« am Marktplatz ein Bild der Trennungsszene zu sehen. In Ottobrunn bei München erinnern die Ottosäule an der Rosenheimer Landstraße und die Ottokapelle bei Kiefersfelden an den Abschied des Prinzen.

*Rita Sperl*

**INFOS**

Das Theresien-Monument befindet sich am Ortsrand von Bad Aibling, gleich an der Mangfallbrücke. Mit dem Auto nimmt man auf der A 8 München–Salzburg die Ausfahrt Bad Aibling. Als Bahnreisender geht man vom Bahnhof Bad Aibling durch den Kurpark (ca. 15 Min.); vom Stadtzentrum aus ist es ein schöner Spaziergang von ca. 20 Min.
Ein gemütlicher Rundgang durch die Altstadt sollte in der Planung Zeit finden. Es lässt sich das entspannte Ambiente des Kurortes inmitten der bezaubernden Landschaft des Mangfalltals im Alpenvorland genießen. Im Restaurant von *Lindners Romantikhotel* kann man sich kulinarisch verwöhnen lassen (idyllischer Innenhof, Weinkeller). Samstags gibt es Stadtführungen, Treffpunkt ist das Heimatmuseum. Das Museum (nur am Wochenende geöffnet) birgt übrigens das Atelier des Malers Wilhelm Leibl, einer der bedeutendsten Vertreter des Realismus in Deutschland im späten 19. Jahrhundert. Neben Kultur und Natur bietet Bad Aibling, wo 1845 das erste Moorheilbad Bayerns eröffnet wurde, mit seiner modernen Therme Wellness vom Feinsten. Informationen unter: www.bad-aibling.de, www.ottobrunn.de (–> »Kultur und Freizeit« –> »König-Otto-Museum«).

# 39 Todes- und Himmelsleiter
## Die Marterkapelle des Bischofs Emmeram in Kleinhelfendorf

Beim Betreten der Marterkapelle bietet sich dem Besucher eine martialische Szene: Lebensgroße Figuren erheben mit verzerrten Gesichtern ihre Waffen und sind gerade im Begriff, auf einen fast völlig nackten Mann einzuschlagen. Der Mann ist auf eine Leiter gebunden, die auf einem Stein liegt: Das Martyrium des heiligen Emmeram wird in dieser 1789 geschaffenen Figurengruppe drastisch vor Augen geführt.

Wann Emmeram genau lebte, das wissen auch die Historiker nicht: Eine Tradition aus dem 14. Jahrhundert datierte sein Sterben in das Jahr 652. Der Freisinger Bischof Arbeo verfasste Emmerams Lebens- und Leidensgeschichte um 770. Emmeram stammte aus Poitiers in Frankreich und ging als Bischof zur Missionierung nach Bayern. In Regensburg übernahm er das Bischofsamt. Eines Tages, er plante gerade eine Reise nach Rom, wandte sich Ota, die Tochter des Herzogs Theoto, in großer Not an ihn. Sie gestand, vom Sohn eines Richters verführt und schwanger geworden zu sein. Nun fürchtete sie die Strafe ihres Vaters, der das Paar sicherlich töten würde. Emmeram trug ihr auf, bei Entdeckung die Schuld auf ihn abzuwälzen und begab sich auf seine Reise. Wenige Tage später wurde Otas Zustand offenbar, und sie wurde nach Italien verbannt. Wutentbrannt ritt ihr Bruder Lantperht dem Bischof hinterher, um seine Schwester zu rächen. Er und sein Gefolge erreichten ihn in Kleinhelfendorf. Lantperht schrie: »Heda, unser Bischof und Schwager!«, und erhob schwere Vorwürfe. Emmeram bot ihm an, dass er in Rom seinen Fall vorbringen und dort nach kanonischem Recht über ihn gerichtet werden solle. Lantperht jedoch verweigerte jede weitere Untersuchung und befahl, Emmeram auf der Stelle zu bestrafen. Die Kleider wurden ihm vom Leib gerissen, er wurde in eine Scheune geführt und auf eine Leiter gebunden. Die Leidensgeschichte verzichtet nicht auf die ausführliche Schilderung der Gräuel: Die Fingerglieder wurden Emmeram einzeln abgerissen, die Augen ausgehöhlt, die Ohren abgeschnitten, sein Geschlechtsteil verstümmelt, Hände und Füße abgehackt und schließlich die Zunge abgeschnitten, da Emmeram nicht aufhörte zu beten.

Emmeram in den Fängen seiner Peiniger

Das Martyrium wird vom Biografen in enge Beziehung zur Passion Christi gestellt. Das Leiden ist nicht Selbstzweck, sein tieferer Sinn liegt in der Nachfolge Christi. Emmeram wurde zunächst in Aschheim bei München bestattet. Da aber große Unwetter die Gegend verwüsteten, wurde dies als Zeichen gedeutet, dass der Märtyrer an einem anderen Ort bestattet werden möchte. So überführte man ihn nach Regensburg, wo sein Grab heute noch verehrt wird.

Emmerams Mörder aber fanden keinen Frieden. Lantperht beschloss sein Leben in der Verbannung, die Peiniger verloren den Verstand. Arbeo beschreibt Emmeram als »von hohem Wuchs und schöner Gestalt, mit offenem Blick«. Heiligenlegenden sind immer eindeutig »gefärbt«, der Heilige wird idealisiert und soll den Lebenden ein Vorbild sein.

Da schon im 19. Jahrhundert die Echtheit der Reliquien bezweifelt wurde, ließ der Regensburger Bischof 1978 den Sarg öffnen und die Gebeine untersuchen. Die Anthropologen datierten das Alter des Mannes auf 45 bis 50 Jahre. Er war 1,66 Meter groß, breitschultrig, von kräftiger und muskulöser Gestalt. Die Verstümmelungen, die Emmeram erleiden musste, fanden sich tatsächlich am Skelett: Hände und Füße fehlten, die Unterarmknochen waren mit einem Schwert abgeschlagen worden, das Nasenbein verletzt und das Vordergebiss eingeschlagen. Da der Schädel gut erhalten war, konnte mit kriminalistischen Methoden das Gesicht des Heiligen in Wachs modelliert werden. Die Wachsbüste wird im Depot des Regensburger Diözesanmuseums verwahrt. Nach ihr weist Emmeram im Aussehen große Ähnlichkeiten mit einem Preisboxer auf.

Wer die Kapelle in Kleinhelfendorf besucht, sollte auch die Emmeramsquelle beim Wirtshaus aufsuchen, deren Wasser nie gefriert. Sie zählt zu den »Wundern«, die sich nach dem Tode Emmerams zahlreich ereignet haben sollen.

*Eva Strauß*

INFOS

Die Marterkapelle in Kleinhelfendorf liegt am Ortsrand; sie ist in der Regel tagsüber geöffnet. Kleinhelfendorf liegt südlich von München, zwischen Aying und Feldkirchen-Westerham, und ist von der S-Bahn-Station Großhelfendorf zu Fuß in 20 Min. zu erreichen. Der Besuch der Kapelle kann als Wanderstation auf dem Weg von Kreuzstraße nach Aying eingebaut werden. Die Tour dauert etwa 3,5 Std., beide Orte sind mit der S-Bahn zu erreichen – eine Beschreibung findet sich unter: www.outdooractive.com
Verbinden kann man den Ausflug auch mit einer Besichtigung der *Brauerei Aying* und einer Stärkung im Biergarten; Informationen unter: www.ayinger.de oder Tel. 0 80 95/13 45.

# 40 Eine außergewöhnliche Wallfahrt
## Über das Steinerne Meer nach St. Bartholomä am Königssee

Sinn einer Wallfahrt ist der Weg zu Gott. Der mühevolle innere Weg soll auch nach außen hin sichtbar werden. Geradezu perfekt umgesetzt findet sich dieses katholische Ideal in der Wallfahrt von Maria Alm im Pinzgau (Österreich) über den Gebirgsstock Steinernes Meer nach St. Bartholomä am Königssee. Bis in eine Höhe von 2 000 Metern führt der Weg, der jedes Jahr viele Pilger anzieht.

Die Wallfahrt geht auf ein Pestgelübde der Pfarrei Saalfelden von 1649 zurück. Am Pfingstmontag überquerte man die Berge, setzte über bis Königssee-Dorf und pilgerte weiter zum Marienwallfahrtsort Dürrnberg. Im Laufe der Zeit veränderte sich die Wallfahrt. Weitere Gemeinden schlossen sich an. War St. Bartholomä ursprünglich nur Zwischenstation, wurde schließlich die Kirche selbst das Ziel. Man pilgerte nicht mehr an Pfingsten, sondern zum Kirchweihfest am 24. August zu Ehren des heiligen Bartholomäus zum Königssee. Im Jahre 1688 fand eine Wallfahrt ein tragisches Ende.

100 Wallfahrer aus dem Pinzgau hatten sich am 23. August 1688 auf den Weg gemacht. In einem zwölfstündigen Marsch überquerten sie das Steinerne Meer und erreichten das Ostufer des Königssees. Den heutigen Wanderweg von der Saugasse nach St. Bartholomä legte der Alpenverein erst 1880 an. Früher mussten die Wallfahrer von der Schrainbach-Alm den Viehtriebsteig bis zur Salet-Alm benutzen und ein Stück am Ostufer entlanggehen. An der Reitl-Alm, der schmalsten Seestelle, setzte man nach St. Bartholomä über.

Trotz der vielen Personen bestanden die Berchtesgadener Schiffsleute darauf, nur einmal überzusetzen. »Mit guten Worten, teils aber mit allerhand Schmach und Spott« wurden die Wallfahrer auf das Schiff genötigt, wo durch »Sitzen und Stehen« ein großes Durcheinander entstand. Aus Übermut soll Jakob Droesen aus Zell »das Schiff nicht allein von dem Lande allzu grob abgeschoben, sondern auch gleich darauf einen solch ungestümen Sprung in das Schiff getan [haben], dass dasselbe alsobald angefangen habe, Wasser zu gewinnen und folgends zu sinken«. 71 Menschen ertranken.

Die Wallfahrtskapelle St. Batholomä. Im Hintergrund die Ostwand des Watzmanns.

Um das Gewissen der Schiffsleute zu erleichtern, erlegte man ihnen eine weite Wallfahrt auf. Auf dem Hochaltar von St. Bartholomä steht ein Bild der Gnadenmadonna aus Mariazell, vermutlich pilgerten sie dorthin und brachten das Bild mit. Ein Jahr nach dem Unglück erging die amtliche Anweisung, in Festzeiten die sichere Schifffahrt der Wallfahrer zu gewährleisten.

St. Bartholomä liegt malerisch auf einem Landstreifen am Fuß der mächtigen Watzmann-Ostwand. Die unzugängliche Au, erreichbar nur über das Gebirge oder den See, ist seit jeher sagenumwoben. Nachts sollen durch einen unterirdischen Gang die Untersberger Männlein dort auftauchen. Heidnische Kulte, wie der Quellkult, konnten sich an diesem abgelegenen Ort lange Zeit halten. Erhielt deshalb die Kirche das höchste Patrozinium, die Allerheiligste Dreifaltigkeit und die Mutter Gottes? 1134 wurde die »Basilika im Königssee« eingeweiht. 1522 wird die »Kapelle des heiligen Bartholomä über dem Königssee« wieder erwähnt. Zu einem nicht mehr fassbaren Zeitpunkt hatte der heilige Bartholomäus, der Patron der Hirten und Senner, das alte Patrozinium abgelöst. 1690 beklagte sich das Stiftskapitel Berchtesgaden über die kleine Kapelle. St. Bartholomä gleiche einem Götzentempel, man müsse unter freiem Himmel predigen, bei Regen auf dem Heuboden. 1695 wurde die Kirche ausgebaut und erhielt im Wesentlichen ihr jetziges Aussehen mit der formenreichen

Dachgestaltung. Die beiden Türme, rund bzw. achteckig, zeugen von den verschiedenen Bauphasen.

Auf der Fahrt über den See genießt man die Bilderbuchlandschaft und lauscht ehrfürchtig dem Echo, das von der Brentenwand (»Echowand«) widerhallt. Kurz nach dem Ablegen passiert man die steil aus dem Wasser aufragende Falkensteinwand. Oberhalb des Wasserspiegels erinnern ein rotes Kreuz und eine Gedenktafel an die ertrunkenen Wallfahrer. Die früher verbreitete Aussage, dass hier, weitab von Reitl-Alm und St. Bartholomä, das Schiff während eines Sturms sank, ist längst widerlegt. Unglücks- und Erinnerungsort sind nicht identisch. An der Falkensteinwand wurden nahezu alle Kreuze, Marterl, Gedenktafeln, die an Unglücke auf dem Königssee erinnern, angebracht. Sie eignet sich geradezu ideal dafür und hat der markanten Wand den Namen »Kreuzlwand« eingetragen.

*Ingrid Reuther*

**INFOS**

Den Königssee erreicht man mit dem Auto über die A 8, Ausfahrt Bad Reichenhall und weiter auf der B 20, oder mit dem Zug nach Berchtesgaden und von dort mit dem RVO-Bus 841.

Die Abfahrtszeiten der Schiffe nach St. Bartholomä können bei der Bayer. Seenschifffahrt GmbH unter Tel. 0 86 52/9 63 60 oder im Internet unter www.seenschifffahrt.de erfragt werden.

Wegen des großen Besucherandrangs zu den Bootsfahrten empfielt es sich, etwas Geduld mitzubringen. Ein sonniger Tag an diesem wunderschönen Fleckchen Erde wird jedoch auch den Ungeduldigsten entschädigen!

# 41 Feldbahn ins Moor
## Der Torfbahnhof in Rottau

Nein, Ausflügler sind am Bahnhof von Rottau nie angekommen oder abgefahren, obwohl die grandiose Alpenkulisse sofort Urlaubsgefühle aufkommen lässt. Keine Sommerfrischler, sondern Strafgefangene aus dem nahe gelegenen Gefängnis Bernau fuhren seit 1920 auf einer Schmalspur-Feldbahn in den Bahnhof ein. In jenem Jahr sind sowohl die Strafanstalt wie auch der Bahnhof erbaut worden.

Errichtet wurde die Anlage in Rottau als Verladebahnhof für Torf, der von den Gefangenen noch lange nach dem Zweiten Weltkrieg in den sogenannten Kendlmühlfilzen abgebaut wurde. Dieses Gebiet steht seit 1992 unter Naturschutz und ist mit etwa 750 Hektar das größte geschlossene Hochmoor des Chiemgaus.

Für den privaten Gebrauch war der Torf der Chiemseemoore schon jahrhundertelang als Brennstoff verwendet worden. Mit der Industrialisierung wurde der Torfabbau für die Wirtschaft interessant. Ab etwa der Mitte des 19. Jahrhunderts versorgten sich die Hüttenwerke der Region – so zum Beispiel die Maxhütte in Bergen – zunehmend mit Brenntorf aus den heimischen Moorgebieten. Auch zum Salzsieden hat man den Torf genutzt: Als die Saline Rosenheim im Jahre 1858 vom Holz- zum Torfbrand überging, setzte in den Hochmoorgebieten westlich des Inn das große Torfstechen ein. Selbst die gefräßigen Kessel der Lokomotiven wurden um 1850/60 noch mit Torf statt mit Kohle gefüttert. Doch nicht nur der in brikettgroßen Stücken gelieferte Brenntorf war begehrt, sondern auch der sogenannte Streutorf, der als Düngemittel für den Gartenbau lose oder in Ballen verkauft wurde.

Der Abbau großen Stils in den Kendlmühlfilzen begann mit dem Bau des Rottauer Verladebahnhofs an der Strecke München–Salzburg. Von hier aus wurde der Torf vornehmlich im südbayerischen Raum vertrieben, doch auch bei den Südtiroler Weinbauern war der Düngetorf aus dem Chiemgau sehr gefragt. Mit der Feldbahn, die auch die Gefangenen aus der Justizvollzugsanstalt Bernau beförderte, wurde der Torf aus dem Moorgebiet zum Bahnhofsgelände gebracht und dort auf die Waggons der Normalspur-Bahn umgeladen. Etwa 20 Kilometer der Feldbahngleise sind noch erhalten, davon können 300 Meter auf dem Gelände des heutigen Moor- und Torfmuseums sogar noch befahren werden.

Vom Torfbahnhof Rottau fährt kein Zug mehr ab.

Gestochen wurde der Torf mit dem Torfspaten (»Grabscheit«) oder dem Torfmesser. Maschinen ersetzten schon früh die weitere Handarbeit. Mobile, von Dampfmaschinen angetriebene Presstorfmaschinen verdichteten, entwässerten und pressten den frisch gestochenen Torf vor Ort in kleine längliche Formen. Je weniger Wasser der Torf enthielt und je stärker er verdichtet wurde, desto höher war sein Brennwert. Beim Handtorfstich wurde der Torf dagegen luftgetrocknet, was den Trocknungsprozess natürlich wesentlich verzögerte.

Noch bis 1988 diente der Bahnhof Rottau zum Abtransport des Torfes. Seit Mitte der 1970er-Jahre gehörten weite Teile des Moorgebietes einem niederbayerischen Unternehmer, dessen große Fräsmaschinen sich durch das Moor fraßen. Am Ende siegte der Naturschutz über die Ausbeutung des Moorgebietes: Der Abbau wurde aufgegeben und der vom Abbruch bedrohte Torfbahnhof unter Denkmalschutz gestellt. Die Rettung des Industriedenkmals ist in erster Linie einer engagierten Bürgerinitiative zu verdanken, die dort das Bayerische Moor- und Torfmuseum eingerichtet hat. Das bedeutendste Ausstellungsstück ist eine Torfballenpresse, die den zuvor zermahlenen Torf zu Ballen formte. In ganz Europa findet man eine solche Maschine kein zweites Mal.

*Herbert May*

Der Rottauer Torfbahnhof kann jederzeit besichtigt werden. Das Bayerische Moor- und Torfmuseum Rottau, Hackenstr. in Rottau, bietet von Ende März bis Anfang Nov samstags, im Aug und Sep zusätzlich auch sonntags und mittwochs, um 11.00, 14.00 und 16.00 geführte Besichtigungen des Museums und des Torfbahnhofs mit anschließender Feldbahnfahrt an. Ab 10 Personen Sonderführungen an allen Wochentagen nach Vereinbarung, Informationen unter: Tel. 0 80 51/9 67 47 01, www.torfbahnhof-rottau.de Mit dem Auto über die A 8, Ausfahrt Bernau am Chiemsee, dann weiter über die B 305 nach Grassau. Im Ortsteil Rottau beim Maibaum links zur Dorfkirche, dort in die Hackenstr. einbiegen, die zum Torfbahnhof führt. Mit dem Zug bis Bahnhof Bernau am Chiemsee (Bahnlinie München–Salzburg), zu Fuß 40 Min. auf dem schönen Moor-Wanderweg entlang der Bahnstrecke zum alten Torfbahnhof. Alternativ ab Prien oder Bernau mit dem Bus nach Rottau, von dort aus ebenfalls 40 Min. Fußweg.

# 42 Pipeline für das »weiße Gold«
## Die Soleleitung von Reichenhall nach Traunstein

Heute kann man Kochsalz für ein paar Cent in jedem Supermarkt kaufen, doch früher war es ein überaus kostbares und teures Handelsgut. Jahrhundertelang war der Handel mit Salz ein Machtfaktor und eine Quelle des Reichtums. In Bayern, das über reiche Salzvorräte verfügte, lebte der Staat vom »weißen Golde« gut: 1679 betrug der Anteil der Salzeinnahmen am Staatshaushalt mehr als 30 Prozent. Kein Wunder, dass die bayerischen Landesherren sowohl das Salzgewinnungs- wie auch das Salzhandelsmonopol an sich gebracht hatten und danach strebten, die Erträge daraus durch Investitionen zu steigern.

Die Saline in Reichenhall besaß natürliche salzhaltige Quellen. Die Sole wurde in riesigen Pfannen zum Sieden gebracht, das Wasser verdampfte und das gelöste Salz kristallisierte zu einem Brei, den man formte und trocknete. Zum Sieden, das pro Sudpfanne etwa eine Woche dauerte, benötigte man große Mengen Holz. Dies führte mit der Zeit zu einer Dezimierung der Waldbestände um Reichenhall und schließlich zu einem akuten Holzmangel.

1596 erwog man erstmals, nicht das Holz zur Sole, sondern die Sole zum Holz zu bringen, sie also über eine Röhrenleitung in ein waldreiches Gebiet zu führen. Als 1613 in Reichenhall eine neue, ergiebige Solequelle entdeckt worden war, gab Herzog Maximilian I. von Bayern den Auftrag, eine Salzwasserleitung von Reichenhall über Inzell nach Siegsdorf zu bauen – ein technisch äußerst schwieriges Unterfangen, da beträchtliche Höhenunterschiede zu überwinden waren. Der herzogliche Hofbaumeister Hans Reiffenstuel und sein Sohn Simon begannen im Frühjahr 1617 mit den Bauarbeiten. Siegsdorf wurde jedoch als Endstation der Leitung wie als Salinenort verworfen, weil man in Traunstein ein für eine Salinenanlage besser geeignetes Gelände fand.

Die Soleleitung musste auf ihrer 32,7 Kilometer langen Strecke einen Höhenunterschied von 259,17 Metern überwinden. Diese Steigung wurde stufenweise gemeistert, durch insgesamt sieben Brunnhäuser mit Pumpstationen (Fager, Seebichl, Unter- und Obernesselgraben, Weißbach, Nagling und Lettenklause). Die Sole floss zunächst in die

»In die Knie« geht der Aufstieg zum Solehochbehälter.

»Brunnstube«, die Niederreserve, einen großen, überdachten, in den Boden eingelassenen Holzbottich. Eine metallene Kolbenpumpe sog sie dann durch drei Bleirohre heraus und drückte sie in das »Bergstübl«, die Hochreserve, einen hohen, ebenfalls überdachten, unten ummauerten Holzbottich. Von dort lief die Sole in natürlichem Gefälle weiter zum nächsten Brunnhaus. Angetrieben wurden die von Simon Reiffenstuel konstruierten Kolbenpumpen durch sieben Meter hohe oberschlächtige Wasserräder, das dazu nötige Aufschlagwasser wurde aus Bergbächen zu den Brunnhäusern geleitet.

Die Soleleitung bestand aus rund 8 400 Deicheln, etwa vier Meter langen, runden, etwa 30 Zentimeter dicken Fichtenstämmen, die im Kern zwölf Zentimeter ausgehöhlt waren. Die Holzrohre waren durch Eiseneinsätze miteinander verbunden. Da die Sole wegen ihres hohen Salzgehaltes auch im Winter nicht gefror, lagen die Deicheln ungeschützt auf dem Boden. Sie mussten häufig erneuert werden, daher verlief neben der Leitung ein Weg für ständige Kontrollgänge, zudem legte man für schnelle Ausbesserungsarbeiten Deicheldepots an.

1619 standen in Traunstein bereits drei von vier Sudhäusern, im August fand das erste Probesieden statt. Die von den Reiffenstuels innerhalb zweier Jahre erbaute Soleleitung mit ihren sieben Hebewerken, eine viel bewunderte technische Pionierleistung ihrer Zeit, war bis zu ihrer Erneuerung 1807 ununterbrochen in Betrieb.

*Ulrike Ehmann*

**INFOS**

Von der Soleleitung des 17. Jahrhunderts ist wenig erhalten, doch wurden viele Wege, die an ihr entlangführten, zu Rad- und Wanderwegen ausgebaut. Zu empfehlen ist besonders der 5 km lange Rundweg Inzell–Weißbach mit der »Himmelsleiter«, einer gusseisernen Treppe (426 Stufen!), die das Brunnhaus Nagling mit der einzigen noch erhaltenen Hochreserve verband. Dieser Solehochbehälter ist nur von außen zu besichtigen. Weitere Informationen enthält die Spezialkarte »Salz – Spuren zwischen Salzach und Inn« (5,70 Euro), erhältlich beim Tourismusverband Chiemgau e. V., Traunstein, Tel. 08 61/9 09 59 00, www.chiemgau-tourismus.de

Mit dem Auto über die A 8, Ausfahrt Traunstein/Siegsdorf. Dann über die B 306 bis Inzell, kurz nach Ortsende im Ortsteil Zwing rechts beim *Café Zwing* parken. Dort beschreibt eine Info-Tafel den Rundweg. Öffentlich fährt man vom Bahnhof Traunstein mit Regionalbus 9526 (Richtung Bad Reichenhall) über Inzell bis Haltestelle Café Zwing oder Weißbach Himmelsleiter.

# 43 Aus dem Dornröschenschlaf erwacht
## Schloss Pertenstein an der Traun

Um 1290 errichtete Ritter Engelbrecht von Taching auf einem Felsen am Ufer der Traun eine Burg, die er seiner Frau Perchta (Berta) zu Ehren »Per(ch)tenstein« nannte. Perchta von Toerring zum Stein hatte den Baugrund 1270 als Mitgift in die Ehe eingebracht, und es soll der »reiche Ehesegen« des Paares – 1304 lebten noch 13 Kinder – gewesen sein, der Engelbrecht zum Bau des neuen Wohnsitzes bewogen hat. 1382 starb der letzte Tachinger zu Pertenstein kinderlos und der Besitz ging an die Toerrings über; diese bevorzugten jedoch ihre anderen Schlösser. Adam II. Freiherr von Toerring zum Stein brachte auf der Rückreise von einer Pilgerfahrt ins Heilige Land 1561/62 als Ehefrau das Innsbrucker Hoffräulein Barbara Lucia von Greiffensee mit. Auch diese Ehe war kinderreich, die Großfamilie lebte im nahe gelegenen Schloss Stein an der Traun.

Ein Unglücksfall führte dazu, dass Pertenstein endlich aus seinem Dornröschenschlaf erwachte. Im Dezember 1580 rutschte das Pferd Adams in einer vereisten Gasse in Salzburg aus und stürzte, sein Reiter fand dabei den Tod. Sein von Kaiser Ferdinand II. zum Grafen erhobener Sohn Ladislaus erkannte der Mutter Pertenstein als Witwensitz zu. Sie diente Elisabeth Renata von Lothringen (1574-1635), der ersten Gattin Herzog (später Kurfürst) Maximilians I. von Bayern, als Obersthofmeisterin und ließ um 1600 die mittelalterliche Wasserburg zu einem prunkvollen, komfortablen Schloss im Stil der Renaissance umgestalten.

Die Baumaßnahmen finanzierte sie selbst. Aufwendig renoviert wurde die Anna-Kapelle im Ostflügel; das Torhaus und der zwei Stockwerke umfassende Westflügel, die Zimmer im Nordflügel und die obere Küche wurden neu errichtet. An der Südseite wurde ein schlanker Schlossturm angebaut. Die Verbindung zwischen dem Turm und den Zimmern des westlichen Schlosstraktes stellten elegante doppelgeschossige Arkadengänge her, die den Trakten zu dem nahezu dreieckigen kleinen Innenhof hin vorgesetzt wurden. 1610 wurden die lichten Hofarkaden zugemauert, denn die betagte Schlossherrin wollte sich

Der ehemalige »Witwensitz« wurde zur Kunst- und Kulturstätte.

nicht länger der kalten winterlichen Zugluft aussetzen. 1628 durfte Barbara Lucia noch den Besuch ihrer ehemaligen Herrin, der bayerischen Kurfürstin, erleben, am 8. Februar 1632 starb sie im Alter von 98 Jahren.

Erbteilungen innerhalb der Familie, Kriege und Misswirtschaft führten dazu, dass Pertenstein erneut in einen Dämmerzustand versank. 1744 fiel das heruntergekommene Schloss an die Linie Toerring-Jettenbach. Deren Oberhaupt, Graf Ignaz Felix, begann schon im Jahr darauf mit der Renovierung. Fast alle Zimmer wurden prächtig ausgestattet und der dritte Stock des Nordflügels ausgebaut. Doch der barocke Glanz verblasste schnell wieder: Das von seinen Besitzern vernachlässigte Pertenstein geriet zum dritten Mal in Vergessenheit und drohte zu verfallen.

1969 gründeten engagierte Bürger aus dem Landkreis Traunstein den »Heimatbund Schloss Pertenstein«, um das Schloss zu retten. Nachdem Hans Veit Graf zu Toerring-Jettenbach den einstigen Adelssitz dem Verein für den symbolischen Betrag von 50 D-Mark im Jahr in Erbpacht auf 99 Jahre überlassen hatte, konnte dieser mit der Innenrestaurierung beginnen. Ab 1978 flossen endlich auch öffentliche Gelder, sodass die umfassende Sanierung zur 700-Jahr-Feier 1990 abgeschlossen werden konnte. Ihr Glanzstück ist die Wiederherstellung des Arkadenhofes, der Pertenstein sein heiteres, südländisches Flair verleiht. Die Konzerte und Theateraufführungen dort sind sehr beliebt, die schönsten Räume sind im Rahmen von Ausstellungen, Konzerten und Lesungen zugänglich; außerdem kann das Schloss auch für Firmenevents und private Anlässe wie Hochzeiten, Geburtstage und Jubiläen gemietet werden.

*Ulrike Ehmann*

**INFOS**

Schloss Pertenstein, Schlossstr. 4, in Traunreut-Matzing, Führungen nach Vereinbarung unter 0 86 69/65 00, www.schloss-pertenstein.de

Mit dem Auto über die A 8 München-Salzburg, Ausfahrt Grabenstätt, dann über Chieming nach Matzing, die Bahngleise überqueren, an der nächsten Ampel rechts, Richtung Traunreut, kurz vor der Traunbrücke links in die Allee einbiegen. Mit der Südostbayernbahn von Traunstein Richtung Garching an der Alz, Haltestelle Matzing, oder vom Bahnhof Traunstein aus mit Bus 9442 nach Matzing, Abzweigung Traunreut. Pertenstein liegt am Traun-Alz-Radweg, Informationen unter: Chiemgau Tourismus e.V., Traunstein, Tel. 08 61/9 09 59 00, www.chiemgau-tourismus.de

# 44 Wo der »wilde Heinz von Stein« hauste
## Die Höhlenburg Stein an der Traun

Ein Hüne und von furchterweckendem Äußeren soll er gewesen sein, der »wilde Heinz«, der berühmt-berüchtigte Raubritter, Bauernschinder und Frauenschänder. Er soll in der ersten Hälfte des 13. Jahrhunderts mit seinen »wüsten Gesellen« in der Höhlenburg Stein an der Traun gehaust und von hier aus die Gegend terrorisiert haben. Überfälle auf Kaufleute, Misshandlungen von Bauern, Brandschatzungen von Klöstern und Verschleppung von Mädchen und Frauen werden ihm nachgesagt. Ob es den »wilden Heinz« tatsächlich gab oder ob er eine Erfindung des Dramatikers und Ex-Jesuiten Lorenz Hübner ist, der 1782 mit dem Trauerspiel *Hainz von Stein, dem Wilden* ein an schauerlichen Sagen interessiertes Publikum bediente, bleibt fraglich.

Gesichert ist indes, dass ein »Heinricus de Toerring« die Bauern schwer drangsaliert haben soll, wie eine Klosterurkunde 1213 mitteilt. Dort heißt es, dass er »die Leute so sehr bedrückt und belästigt, dass viele [...] wegen seiner Tyrannei davongelaufen« und die bäuerlichen Güter verlassen haben. 1231 wurde die Burg Stein erstürmt, ihre üblen Bewohner vertrieben. Gleichzeitig wurde ein neuer, durch Stein an der Traun führender Grenzverlauf zwischen Bayern und dem Erzbistum Salzburg festgelegt. Seit 1250 weisen die Quellen das Adelsgeschlecht der Törring als »Herren von Stein« aus. Die sagenumwobene Burg lockt jährlich viele Interessierte an. Bei der Besichtigung der Höhlenburg fällt es nicht schwer, sich gängigen Raubritterfantasien hinzugeben. Nicht nur die unwirtlichen, düsteren Felsengänge, Treppen und Kammern verleiten dazu; auch die Burgführer sind redlich bemüht, die Besucher das Gruseln zu lehren. Nüchterner betrachtet, vermittelt die Felsenburg von Stein ein von aller Burgromantik befreites Bild von den mittelalterlichen Wohnverhältnissen und Lebensbedingungen des Ritteradels.

Die Höhlenburg Stein an der Traun ist die größte Anlage dieser Art in Deutschland. Unweit der Stelle, wo die Gebirgsflüsse Traun und Alz zusammenfließen, erhebt sich eine fast 50 Meter hohe und 500 Meter lange Nagelfluhwand, auf der ein schlichter Bau steht, die

Blick auf den »Hungerturm« der Höhlenburg Stein

»obere Burg«, die auch als »Hochschloss« bezeichnet wird. Es handelt sich um den überirdischen, das Umland überblickenden Teil der Burganlage, dessen heutige Form aus dem frühen 16. Jahrhundert stammt. Der Eingang zur dreigliedrigen Burganlage (die »untere Burg« am Felssockel, die »Höhlenburg« im Felsen, die »obere Burg« auf dem Felsplateau) befindet sich am Fuß des Burgfelsens und führt über eine hölzerne Außentreppe in die »Höhlenburg«, welche die untere und die obere Burg miteinander verbindet. Bei der unteren Burg handelt es sich um ein direkt an die Felswand gerücktes, im späten 19. Jahrhundert im neugotischen Stil modernisiertes Wohngebäude. Es wird heute zusammen mit den Nebengebäuden als Internat genutzt und ist nicht zu besichtigen. In der zugehörigen Schlosskapelle kamen bei Restaurierungsarbeiten Fresken aus der Zeit um 1420/30 zum Vorschein. Auf diese Zeit datieren Fachleute den Bau der unteren Burg und die Anlage der Höhlenburg in der heutigen Größe.

In der Höhlenburg ist der Wehrgang unschwer zu erkennen; dagegen lassen sich die Funktionen der einzelnen Räume nicht zuverlässig bestimmen. Die Bezeichnungen »Tanzsaal«, »Esszimmer«, »Weinkeller« oder »Kammer der gefangenen Frauen« für die steinernen Grotten und Hallen lehnen sich an die Sage vom »wilden Heinz« an und sind willkürlich gewählt.

*Rita Sperl*

**INFOS**

Stein an der Traun liegt an der B 304 bei Altenmarkt an der Alz. Von München fährt man am besten über Wasserburg in Richtung Traunstein. Die Bus- und Bahnstation Stein an der Traun liegt zwischen Traunstein und Trostberg.

Es finden tägl. (außer Mo und nicht im Winter) nachmittags Burgführungen statt. Festes Schuhwerk und eine warme Jacke sind ratsam. Man kann eine historische Burgführung alleine buchen oder zusammen mit einer Besichtigung der *Schlossbrauerei Stein*, die Eigentümerin der Burganlage ist. Wofür man sich auch entscheidet, eine Einkehr im *Brauereigasthof Martini* sollte man auf jeden Fall einplanen. Vom Schlossberg aus lässt sich das herrliche Panorama des nördlichen Chiemgaus genießen. Wenn man den Sonnenuntergang am Ufer des Chiemsees erleben will, kann man zuvor einen Zeitsprung in die Gegenwartskunst machen und in Traunreut im »MAXIMUM« u. a. auf Andy Warhol stoßen. Ein Abstecher zum Kloster Baumburg ist auf jeden Fall lohnenswert. Typisch für die Region ist das Baumburger Klosterbier und eine frisch geräucherte Chiemsee-Renke.

Informationen unter: www.steiner-burg.de; www.steiner-bier.de; www.dasmaximum.com

# 45 Vor den Mauern des antiken Jerusalem stehen ...
## Das Panorama »Kreuzigung Christi« in Altötting

Vor über 200 Jahren wurde eine neue Dimension des visuellen Erlebens erfunden. Der irische Maler Robert Barker (1739–1806) erhielt 1787 das Patent auf seine Idee des Panoramabildes. 1793 ließ er in London ein Gebäude errichten, um Panoramen auszustellen. Gezeigt wurden überdimensionale Stadt-, Landschafts- und Schlachtenpanoramen, die dem Besucher die Illusion gaben, mitten im Geschehen zu stehen.

In der Zeit vor Erfindung der Kinoleinwand und bewegter Bilder faszinierten »Rundblickbilder« die Zeitgenossen derart, dass Panoramen zu Publikumsmagneten wurden und rasche Verbreitung fanden. In München gab es um die Jahrhundertwende drei kommerziell betriebene Gebäude für Wanderpanoramen.

Auch in Altötting, dem bedeutendsten Marienwallfahrtsort Deutschlands, wurde ein Panorama mit religiöser Thematik als ein lohnendes Unternehmen eingeschätzt. Der Historienmaler Gebhard Fugel (1863–1939) gründete 1902 mit Kollegen eine »Panoramagesellschaft«, die binnen eines Jahres ein zwölfeckiges Panoramagebäude errichtete und den Innenraum mit einem Rundgemälde versah. Am 18. Juli 1903 öffnete das Panorama »Kreuzigung Christi« seine Pforten.

Dem Besucher wurde und wird – damals wie heute – von einer zentralen Plattform aus eine virtuelle Zeitreise nach Palästina vor 2000 Jahren geboten. Der Betrachter begleitet Christus auf dem Weg zur Kreuzigung. An den Wänden des runden Innenraums wird die Silhouette Jerusalems auf einem 12 Meter hohen und 95 Meter breiten, den gesamten Raumumfang ausfüllenden Ölgemälde dargestellt. Auf 1200 Quadratmetern Leinwand entstand hier ein monumentales Gesamtkunstwerk. Eine Felsenkulisse vor den Wandgemälden macht die Illusion perfekt. Über ein Tonband ist eine Stimme zu hören, die dem Besucher die heiligen Stätten erklärt und vom Sterben Christi auf Golgatha erzählt. Ein wandernder Infrarotpunkt hilft bei der Orientierung. Die Darbietung dauert ca. 20 Minuten.

Wer glaubt, an diesem Ort lediglich auf sentimentalen Kitsch zu stoßen, irrt sich. Die künstlerische Qualität der Malerei beeindruckt

Blick von der Besuchertribüne des Altöttinger Panoramas

und zieht den Besucher in ihren Bann. Im Erdgeschoss kann man die
Technik hinter der Illusion erkunden. Das mit Eigenmitteln finanzierte
Unternehmen wurde nach Fugels Tod von der Familie weiterbetrieben

und 1996 in eine gemeinnützige öffentliche Stiftung überführt. Das Panorama ist seit der Entstehung permanent in Betrieb und wird jährlich von zahlreichen Pilgern und Kunstreisenden besucht.

In Deutschland gibt es nur noch wenige zugängliche Panoramen, in Europa knapp zwei Dutzend. Das Altöttinger ist europaweit das einzige im Original erhaltene Panorama religiösen Inhalts. Wegen seiner Einzigartigkeit und seines hohen künstlerischen Niveaus wurde das »Kreuzigung-Christi-Panorama« unter den Kulturgutschutz der UNESCO gestellt.

*Rita Sperl*

**INFOS**

Panorama Altötting, Gebhard-Fugel-Weg 10 in Altötting, geöffnet März bis Okt tägl. 9.00–17.00, in den Wintermonaten eingeschränkte Öffnungszeiten.

Erreichbar über die A 94 Richtung Passau, ca. 90 km östlich von München. In Altötting ist der Kapellenplatz, das Zentrum der Wallfahrtsstätte, ausgeschildert. Von dort sind es noch ca. 2 Gehmin. zum Kuppelbau des Panoramas. Am besten den offenen Durchgang durch die *Gaststätte Scharnagl* wählen. Wer per Bahn anreist, hat vom Bahnhof Altötting nur 5 Min. zu Fuß.

Man sollte einmal in die Atmosphäre eines berühmten Wallfahrtsortes eintauchen: Die unzähligen Votivtafeln rund um die Gnadenkapelle erzählen von Unglück und Wundern der »Schwarzen Madonna«, der »Gnadenmutter« von Altötting. Kurios mutet es an, dass im Innersten der Kapelle in silbernen Formen die Herzen verstorbener Wittelsbacher Könige aufbewahrt werden. Wichtige Ereignisse der 500-jährigen Geschichte der Altöttinger Wallfahrt kann man in einer Dioramenschau (Schaukästen mit Modellen) mit über 5 000 Figuren nachempfinden. Jeden Samstag gibt es von Mai–Okt Stadtführungen, zudem werden spezielle Themenführungen angeboten. Eine ganz besondere Stimmung kann man bei einer abendlichen Lichterprozession erleben. Empfehlenswert ist der große Christkindlmarkt. Wie wäre es, sich als Pilger auf dem Jakobsweg Böhmen-Bayern-Tirol dem Wallfahrtsort zu nähern? Informationen im Internet unter: www.panorama-altoetting.de; www.neueschatzkammer.de

# 46 Ein »Weltläufig-Machungs-Institut«
## Die »Kretinenheilanstalt« Ecksberg

Joseph Probst (1815–1884), der Gründer der Behinderteneinrichtung Ecksberg bei Mühldorf am Inn, stammte aus ärmlichen Verhältnissen. Den beruflichen Werdegang vom »Hirtenbub« zum katholischen Pfarrer hat er sich schwer erkämpfen müssen. Vielleicht setzte er sich gerade deshalb mit aller Kraft für andere ein. Sein Lebenswerk galt der Förderung von Kindern mit geistiger Behinderung. Das von ihm 1852 ins Leben gerufene »Weltläufig-Machungs-Institut für verstandesarme Kinder« stellte als erste katholische »Kretinenheilanstalt« Deutschlands ein heilpädagogisches Modellprojekt dar.

Der in Reichersbeuren geborene Häuslersohn und Halbwaise Joseph Probst kam erst mit 14 Jahren auf die Lateinschule in Bad Tölz. Das Studium absolvierte er in München, 1843 wurde er zum Priester geweiht. Er hatte mehrere Stellen als »Hilfspfarrer« inne, unter anderem in Mühldorf. Erste Erfahrungen mit »blödsinnigen« Kindern machte Probst bei der Erziehung eines geistig behinderten Mädchens, das unter seiner Anleitung rasche Lernfortschritte machte. In ihm reifte der Gedanke, eine »Kretinenanstalt« zu gründen. Ein konkretes Vorbild fand er im schweizerischen Abendberg bei Interlaken.

Auf der Suche nach einem geeigneten Ort bewarb er sich 1852 um das wenig einträgliche »Benefizium« Ecksberg, einsam über dem Hochufer des Inn gelegen. Ecksberg war bis zur Säkularisation (1803) eine bekannte Wallfahrtsstätte gewesen. Inzwischen waren die schmucke Barockkirche St. Salvator aus dem 17. Jahrhundert und das Pfarrhaus halb verfallen. Joseph Probst, der mit der Familie des Mühldorfer Bürgermeisters befreundet war, nahm hier sein Vorhaben in Angriff.

Um sein Projekt zu realisieren, suchte er, wie es in einem Zeitungsaufruf von 1852 hieß, »edle Menschenfreunde«, »christliche Brüder und Schwestern«. Es konstituierte sich der »St. Josephs-Hilfsverein«, der erhebliche Mittel aufbrachte. Daneben gründete sich eine katholische Gemeinschaft von ledigen Frauen, die die Arbeit in der Anstalt übernahmen. 1872 setzten die Frauen durch, eine einheitliche Schwesterntracht tragen zu dürfen. 1938 wurden daraus die »Ecksberger Schwestern« vom Dritten Orden des heiligen Franziskus mit kirchenrechtlicher Anerkennung. Heute leben nur noch wenige betagte Mitglieder in Ecksberg.

Blick auf den Hauptbau der Anstalt aus dem Jahr 1907

Joseph Probst erwarb sich als Erzieher, Anstaltsleiter und Verfasser eines heilpädagogischen Lehrbuches großes Ansehen und wurde mit hohen Auszeichnungen gewürdigt. Ein schlichtes Denkmal im Innenhof des Therapiegebäudes ist ihm gewidmet. Ein weiteres Denkmal erinnert an die 248 Bewohner, die 1940/41 im Rahmen des sogenannten »Euthanasieprogramms« von den Nationalsozialisten ermordet wurden.

Die Anstalt Ecksberg, die mit einer kleinen Zahl von Kindern angefangen hatte, wuchs schnell. Im Zentrum steht heute der mit einem Turm versehene Hauptbau aus dem Jahr 1907, der schon von Weitem zu sehen ist. Daran angebaut ist das Schwesternhaus mit einem malerischen Innenhof und Brunnen. Die Gärtnerei, die Obstbäume, die großen landwirtschaftlichen Ökonomiegebäude und der Bauerngarten zeugen vom Wirtschaftsbetrieb der Anstalt. Ein Fresko am Gutshaus erinnert an den Brand der landwirtschaftlichen Gebäude im Jahr 1911. Etwa zehn Gehminuten entfernt befindet sich in einem stillen Parkwäldchen der Friedhof mit den Gräbern der verstorbenen Pfleglinge und Schwestern.

Die Anstalt ist stetig gewachsen und hat sich den Anforderungen der Zeit angepasst. Heute bieten die modernen Einrichtungen der »Stiftung Ecksberg« knapp 400 dort lebenden und betreuten Menschen mit Behinderung ein Zuhause.

*Rita Sperl*

Man erreicht Ecksberg mit dem Auto über die B 12, Ausfahrt Mühldorf-West, oder vom Bahnhof Mühldorf binnen weniger Min. mit den Buslinien 2 und 30. Wenn man Rummel erleben will, sollte man zum Oster- oder Adventsmarkt nach Ecksberg kommen (lohnt sich!). Vom Gelände der Anstalt aus bietet sich ein schöner Blick auf den Inn und die Stadt Mühldorf. Es emphielt sich ein Fußmarsch am Inn entlang. Wenn man ans andere Ufer will, läutet man dem Fährmann. Nicht weit von Ecksberg entfernt bietet sich die *Ebinger Alm* zu einer Einkehr an. Von dort kann man sich dann auf einem ausgewiesenen Pfad zur Fundstelle des »Mühldorfer Urelefanten« begeben. 1971 wurde hier ein vollständiges Skelett eines mind. 10 Millionen Jahre alten Urelefanten gefunden. Dieses imposante Skelett (5,5 auf 3 m) kann man in München kostenlos besichtigen. Wo? In der Paläontologischen Staatssammlung (hinter dem Lenbachhaus), Innenhof. Weitere Informationen unter: www.stiftung-ecksberg.de; www.palmuc.de; www.stadtwerke-muehldorf.de/Innfaehre

# 47 Ein ungewöhnliches Kriegsdenkmal
## Erinnerung an die Schlacht von Hohenlinden 1800

Kriegerdenkmale sind in jedem Dorf zu finden. Errichtet vor allem nach dem Ersten Weltkrieg, erinnern sie inzwischen an beide Weltkriege und führen die Toten namentlich auf. Die Architektur ist für den heutigen Geschmack oft martialisch und von hohem Pathos.

Ein eher ungewöhnliches Kriegsdenkmal steht in einem kleinen Ort im Ebersberger Forst, in Hohenlinden, Schauplatz einer Entscheidungsschlacht am 3. Dezember 1800. Das Datum markiert einen Wendepunkt in der bayerischen Geschichte: Seine Folgen – Säkularisation, Entstehung des Königreichs Bayern, innenpolitische Reformen – schufen die Grundlagen für das moderne Bayern.

In den Koalitionskriegen ab 1792 kämpfte das revolutionäre Frankreich gegen ein Bündnis verschiedener europäischer Mächte (u. a. Russland, England, Österreich, Preußen) in wechselnden Zusammensetzungen. 1799, zu Beginn des Zweiten Koalitionskrieges, hatte Frankreich Rückschläge hinnehmen müssen. Die Wende kam mit Napoleon, der 1799 in Frankreich die Macht an sich riss. General Moreau, Befehlshaber der Rheinarmee, zwang die 60 000 Mann starke Armee Österreichs zum Rückzug bis hinter den Inn. Das französische Heer stand mit 100 000 Mann zwischen Isar und Inn, ganz Südbayern war militärisch besetzt. Die Bayern selbst verfügten über etwa 5 000 Mann und waren mit den Österreichern verbündet. Allerdings nur ungern, fürchteten sie doch, von diesen annektiert zu werden.

Die Entscheidung brachte der 3. Dezember 1800: Die Witterungsbedingungen waren sehr schlecht. Tage zuvor hatte es geregnet, Straßen und Wege waren schlammig. Am Tag der Schlacht begann es zu schneien, die Sicht war stark behindert, sie betrug nur 100 Schritte und sank zeitweise auf 10 Schritte. Die Schlacht endete mit einer Niederlage der Österreicher, die vom unerfahrenen, jungen Erzherzog Johann angeführt worden waren. Zwei Monate später wurde in Lunéville Frieden geschlossen. Die Anzahl der Soldaten, die in Hohenlinden und in Scharmützeln in der Umgebung ihr Leben lassen mussten, ist

Eher Mahnmal als Denkmal: Aufruf zur Völkerverständigung in Hohenlinden

unbekannt, denn die Krieg führenden Parteien nannten unterschiedliche Zahlen. Eine der Quellen besagt, die Verbündeten hätten 12 000 Mann, die Franzosen 2 500 Mann eingebüßt.

Wie in allen Kriegen wurde vor allem die Zivilbevölkerung stark in Mitleidenschaft gezogen. Die französischen Truppen verfügten über keine Nachschuborganisation oder Magazinverpflegung wie die österreichischen, sondern lebten vom Lande, in dem sie waren. Sie beschlagnahmten und plünderten Lebensmittel, Vieh und Geld und schikanierten die Dorfbewohner. Davon legen viele Votivtafeln in den Kirchen der Umgebung Zeugnis ab.

Von der Schlacht blieb auch der *Gasthof zur Post* in Hohenlinden, den heute einige Erinnerungstafeln schmücken, nicht verschont. Die Ehefrau des Posthalters schrieb in einem Brief: »Schon anfangs wurden mir von den Österreichern die Planken und Zäune um Wiesen und Felder zusammengerissen, und beides mit den Früchten zugrunde gerichtet. Wein, Bier und Branntwein, wofür nichts bezahlt wurde, konnte ich nicht genug auftreiben [...] Heu und Haber wurden mir mit Gewalt genommen, dass ich selbst für mein Vieh nicht einmal mehr Fütterung hatte. Am Tage der Schlacht war um das Posthaus heftiges Kanonenfeuer. Die Kaiserlichen schossen den Nebenbau mit Stallungen in Brand und das Feuer griff so schnell um sich, dass selbst drei von fünf hineingetragenen blessierten Franzosen nicht mehr gerettet werden konnten und verbrennen mussten.«

Obwohl es schon im 19. Jahrhundert Anläufe für ein Denkmal an die Schlacht gegeben hatte, war erst eine Initiative des Kunstschmiedes Bergmeister und des Journalisten Großegesse erfolgreich. 1998 wurde das Denkmal eingeweiht, das zur Völkerverständigung in Europa aufrufen will. So steht je eine Säule symbolisch für die Soldaten aus Frankreich, Österreich, Bayern und das kriegsgequälte Volk. Die Querbalken auf den Kugeln versinnbildlichen die Souveränität der Völker in einem friedlich geeinten Europa. Der Granitstein nennt den Anlass des Kriegsdenkmals. Mit dieser Deutung wird es zugleich zu einem Denkmal für den Frieden.

*Eva Strauß*

**INFOS**

Hohenlinden liegt an der B 12, zwischen Ebersberg und Markt Schwaben (jeweils ca. 12 km entfernt); mit der MVV-Buslinie 469 oder 445 vom Bahnhof Markt Schwaben oder Ebersberg oder Bus 9410 von München nach Haag. Von der Haltestelle Gasthaus zur Post sind es 5 Min. zu Fuß in die Kronacker Str., der Weg zum Denkmal ist ausgeschildert.

Der Verein Hohenlinden 2000 kümmert sich um die Erinnerung an die Schlacht und unterhält ein kleines Museum (Pfarrer-Andrä-Str. 1, im Untergeschoss der Volkshochschule, geöffnet jeden 1. Sa im Monat von 13.00–15.00).

Den Spuren der Schlacht folgt eine Radrundtour, die in Hohenlinden startet. Eine kürzere Tour (ca. 20 km) führt zu 8 Stationen, eine längere Tour (ca. 50 km) zu 16 Stationen. Anreisende mit der Bahn beginnen die Tour in Steinhöring (Zielpunkt 14). Ein Faltblatt (Schutzgebühr 1 Euro) zur Tour ist im Rathaus Hohenlinden und bei der SIT-Tankstelle am westlichen Kreisel erhältlich. Die Beschreibung der Tour findet sich unter (für iPhone und iPad gibt es auch eine zugehörige App): www.schlachtvonhohenlinden.de

# 48 »Pyramiden« in Bayern
## Eine napoleonische Maßarbeit in Aufkirchen

Mitten auf einem Acker in Aufkirchen steht scheinbar verloren eine fünf Meter hohe »Pyramide«. Eigentlich ist das Bauwerk ein Obelisk, bekannt geworden ist es aber als »Basispyramide«. Die Inschrift verkündet in Deutsch: »Ende der zwischen München und Aufkirchen im Jahre 1801 gemessenen Grundlinie«. In Lateinisch wird mitgeteilt, dass diese Messung im Auftrag des bayerischen Kurfürsten Max IV. Joseph (1799–1825, ab 1806 König von Bayern) erfolgte. Hinter dem eher unscheinbaren Baukörper verbirgt sich eine Pioniertat der Landesvermessung, die Bayern zum ersten exakt vermessenen Land Europas machte. Zwar hatte es Vermessungen von Land und Ländereien schon seit dem Mittelalter immer wieder gegeben, die danach gefertigten Karten waren jedoch sehr ungenau.

Interesse an Vermessungen zeigten von jeher Militär- und Finanzbehörden. Einerseits war die Kenntnis des Geländeverlaufs für strategische Fragen von Bedeutung, andererseits war die Grundstücksvermessung Voraussetzung für die Erhebung von Steuern. Um 1800 rückten diese Interessen wieder stark in den Vordergrund.

Napoleon hatte mit seinen französischen Truppen Bayern besetzt. Der Friedensvertrag von Lunéville 1801 brachte die Annäherung, vier Jahre später war Bayern Bündnispartner des Korsen. Der Krieg und die Säkularisation hatten zu erheblichen territorialen Veränderungen geführt, von denen Bayern in besonderem Maße profitierte. Franken, Schwaben, reichsfreie Städte und ehemalige geistliche Territorien wurden dem Kurfürstentum einverleibt. Die Bestätigung der neu gewonnenen Bedeutung gipfelte in der Erhebung Bayerns zum Königreich 1806.

Gleichzeitig benötigte man für den staatlichen Umbau und für Reformen viel Geld, und das sollte aus Grund- und Gebäudesteuern fließen. Bislang gab es 114 (!) verschiedene Grundsteuerarten, die nun vereinheitlicht werden sollten. Voraussetzung hierfür war eine genaue Vermessung des Landes. Eine topografische Karte und eine Katastervermessung, also die Vermessung der einzelnen Grundstücke, mussten in Angriff genommen werden. Die Katastervermessung kam allerdings erst ab 1808 zustande. Zuvor ordnete die französische Generalität an, eine »astronomisch und geographisch richtige Karte« zu erstellen, um so den Bündnispartner »besser kennenzulernen«. Eine Kommission von französischen und bayerischen Gelehrten wurde eingesetzt und 1801 das »Topographische Bureau« gegründet. Die erste Aufgabe war die Festlegung der Basislinie.

Als Bezugspunkte wurden zwei Kirchtürme gewählt: der Kirchturm von Aufkirchen und der nördliche Turm der Münchner Frauenkirche, der damit zum Nullpunkt im bayerischen Koordinatensystem bestimmt wurde. Die Wahl von Kirchtürmen war keine Frage von Frömmigkeit, sondern erfolgte aus rein praktischen Erwägungen: Man hatte freie Sicht von der einen zur anderen Kirchturmspitze. In Aufkirchen und in Unterföhring errichtete man die beiden sogenannten Basispyramiden, die auf einer Linie zwischen den beiden Kirchtürmen liegen. Die Pyramidenform wurde gewählt, weil der massive Bau Wind und Wetter trotzte und die Pyramidenspitze exakt den Anfangs- bzw. Endpunkt anzeigte. Zwischen diesen beiden Pyramiden errichtete man Messstege, die in der Höhe verstellbar waren, um die Niveauunterschiede im Gelände auszugleichen. Auf diese Messstege wurden fünf Meter lange Messstangen gelegt. Die Strecke zwischen den Basispyramiden betrug über 21 Kilometer. Mit Kenntnis der Basislinie und mittels Winkelmessungen konnte ein weiterer markanter Punkt und seine Entfernung bestimmt werden. Der Punkt, meist ein Turm oder eine Bergspitze, musste von den beiden Endpunkten der Basislinie aus gesehen werden können. Die Verbindungslinien zwischen diesen drei Punkten bildeten ein Dreieck, dessen Ausmaße sich mathematisch berechnen ließen.

Von diesem Dreieck aus konnten weitere Dreiecke gezogen werden. Ganz Bayern wurde so mit einem »virtuellen« Netz von Dreiecken überzogen. Die französischen Ingenieursoldaten nahmen ihre Berechnungen sehr genau vor. Mit heutigen computergestützten Messungen wurde festgestellt, dass die Abweichungen der vergleichsweise primitiven Methode von 1801 nur 0,7 Meter auf die circa 21 km lange Grundlinie betragen, also nur drei Zentimeter auf einen gemessenen Kilometer.

*Eva Strauß*

Eine »Pyramide« wies den Weg ins moderne Bayern.

INFOS

Aufkirchen liegt zwischen Erding und Oberding-Notzing und ist mit den Buslinien 507, 511 (nur werktags) und dem Bus 512 (mehrmals tägl.) zu erreichen. Zur Basispyramide von der Kirche in Aufkirchen in die Zehentstr., Richtung Zehmerhof; die Straße wird zum Feldweg – rechts ist die Basispyramide bereits zu sehen. Die andere Basispyramide befindet sich in Unterföhring (MVV-Buslinie 233 zwischen S-Bahn-Station Unterföhring und U-Bahn-Station Studentenstadt, Haltestelle Apianstraße) am Föhringer Ring. Weitere Informationen rund um die Landesvermessung zeigt die donnerstagnachmittags geöffnete Ausstellung im Bayerischen Landesvermessungsamt, Alexandrastr. 4, in München. Informationen im Internet unter: www.vermessung.bayern.de

# 49 Einst Schatzkammer der Bauern
## Der Niederneuchinger Getreidekasten im Bauernhausmuseum Erding

Das Erdinger Freilichtmuseum bietet den Besuchern ein besonderes Schmuckstück, den reich verzierten Getreidekasten aus Niederneuching.

Getreidekästen gehörten früher ganz selbstverständlich zu einem Bauernhof in Oberbayern. Im Gegensatz dazu besaßen Gehöfte in Franken kein eigenes Gebäude für die Lagerung des gedroschenen Getreides. Dort wurde das kostbare Erntegut im Dachboden des bäuerlichen Wohnhauses aufbewahrt.

Der Getreidekasten aus Niederneuching ist über 430 Jahre alt, gilt wegen seiner reichen Bauzier als einer der schönsten seiner Art und hat überdies – sprichwörtlich – eine bewegte Geschichte.

Der »Troadkasten« stand früher auf dem Hof des »Greindlbauern« in Niederneuching, einer etwa zwölf Kilometer südwestlich von Erding gelegenen Ortschaft zwischen Landshut und München. Der Greindlhof zählte zu den größten Höfen im Dorf. Sieben Pferde, zwei Fohlen, elf Milchkühe, zahlreiche Kälber, einen Stier und vier Schafe besaß die Greindlbäuerin Maria Baumann, als sie 1774 starb. Noch rund 100 Jahre später belief sich der stattliche Grundbesitz an Feldern, Wiesen und Wald auf über 50 Hektar. Zu Beginn des 20. Jahrhunderts hatte der damalige Hofbesitzer keine Verwendung mehr für den Kasten und wollte ihn abbrechen. Denkmalschützer wussten schon damals um die herausragende Bedeutung des Bauwerks und so bemühte man sich mit allen Mitteln um dessen Rettung. Einige wollten ihn in den Erdinger Stadtpark umsetzen, andere im Deutschen Museum in München wieder aufbauen. Die Pläne scheiterten jedoch aus Kosten- und Platzgründen. Zunächst wurde der Kasten 1923 notgedrungen auf das Gelände der Landesanstalt für Tierzucht in Grub bei Poing im Landkreis Ebersberg versetzt. 1986 wurde der Getreidespeicher auf das zwei Hektar umfassende Gelände des Bauernhausmuseums des Landkreises Erding verlagert, das im Oktober 1989 eröffnet wurde.

Der Niederneuchinger Getreidekasten ist – so eine Inschrift – 1581 in Blockbauweise errichtet worden, also mit waagerecht übereinander gelegten Hölzern. Er besteht aus zwei Geschossen mit insgesamt vier

Einer der schönsten und ältesten Getreidekästen in ganz Oberbayern

Kammern. Ursprünglich war sein nach allen Seiten abgewalmtes Dach strohgedeckt. Erst im 19. Jahrhundert erhielt es eine Deckung mit Flachziegeln (Biberschwanzdeckung). Beide Geschosse weisen überdachte Laubengänge auf, in denen Feldfrüchte getrocknet werden konnten. Aus Verzeichnissen ist bekannt, dass auch landwirtschaftliche Geräte, Handwerkszeug, Pferdegeschirr und Hausrat in dem Kasten lagerten. Aber erst die Aufbewahrung des lebensnotwendigen Getreides machte ihn zur Schatzkammer der Bauern. Der Wert spiegelt sich in der reichhaltigen Bauornamentik wider.

Auch der Niederneuchinger Getreidekasten ist vor allem im Bereich der Türen aufwendig gestaltet. Mit dem Zirkel geschlagene Schlingenbänder sind in das Holz eingeritzt. Ein Storch wird dargestellt, der eine Schlange, das Sinnbild des Bösen, im Schnabel hält und wohl Unheil vom Gebäude abwenden sollte. Die Türstürze sind mit Kielbögen (»Eselsrücken«) dekoriert. Alle Zierformen waren früher deutlich farbig abgesetzt. Reste von Rußschwarz, Rötel, Weiß und Ocker sind noch heute zu sehen. Die erhaltenen eichenen Kastenschlösser und schmiedeeisernen Beschläge an den Türen verweisen darauf, wie wichtig es war, den Getreidespeicher zu sichern. Mit der Modernisierung der Landwirtschaft haben solche Speicher ihre ursprüngliche Funktion verloren.

Im Inneren des Getreidekastens stellt die kleine Ausstellung »Pflügen – Säen – Ernten« am Beispiel des Getreideanbaus die tagtägliche Mühsal der bäuerlichen Handarbeit vor.

*Herbert May*

Das Bauernhausmuseum des Landkreises Erding befindet sich auf dem Gelände an der Taufkirchener Str. 24, geöffnet Ostersonntag–Ende Okt Sa, So, Fei 10.00–17.00; Führungen an Wochentagen sind für Gruppen nach Terminvereinbarung möglich, unter Tel. 0 81 22/58 12 38 oder E-Mail: bauernhausmuseum@lra-ed.de; jeden Fr wird auf dem Museumsgelände von 13.00–17.00 ein Bauernmarkt abgehalten.

Mit dem Auto über die B 388 Richtung Taufkirchen (Vils). Parkmöglichkeiten im Eingangsbereich des Museums (kostenlos). Alternativ mit der S 2 nach Erding, von dort weiter mit dem Bus 530 oder 540 (Haltestelle vor dem Museum) oder zu Fuß (15 Min.).

Erding liegt am Nordrand der Münchner Ebene in einem 24–25 Quadratkilometer großen Niedermoorgebiet, dem »Erdinger Moos« – Moos ist die bairische Bezeichnung für Moor. Das Erdinger Moos war nur eines von zahlreichen Moorgebieten Südbayerns, die seit dem späten 18. Jahrhundert kultiviert wurden. Den Anfang machte die Entwässerung des Donaumooses (siehe Fundort 4), es folgten die Siedlungen im Dachauer Moos und die Kolonien im Loisachmoos.

Obwohl es erst im 19. und 20. Jahrhundert trockengelegt wurde, war das Erdinger Moos keine unberührte Naturlandschaft. Bereits im frühen Mittelalter wurde es als Weidefläche genutzt.

1969 beschloss das bayerische Kabinett, im Erdinger Moos den neuen Münchner Flughafen zu errichten. 1980 wurde mit dem Bau begonnen, der nach einigen Unterbrechungen und begleitet von massiven Protesten der Umweltbewegung Anfang der 1990er-Jahre abgeschlossen war. Kritisiert wurden, neben der Zerstörung der letzten Reste der Moorlandschaft, der Flächenverbrauch sowie Umsiedlungsmaßnahmen.

Am 17. Mai 1992 wurde der neue Flughafen München »Franz Josef Strauß« (MUC) eröffnet. Seitdem ist die Bevölkerung im Erdinger Moos spürbar gewachsen, und auch neue Betriebe haben sich angesiedelt. Seit 2005 fordert die Betreibergesellschaft FMG die Errichtung einer dritten Start- und Landebahn. Die Gegner dieses Projektes halten diese für überflüssig.

# 50 Maria Pettenbeck statt Maria Stuart
## Wer waren die Grafen von Wartenberg?

Der Nikolaiberg in Wartenberg bietet einen weiten Blick über das flache Erdinger Land. Neben der Nikolaikirche, einer ehemaligen Burgkapelle, verweist eine Gedenksäule, die König Maximilian II. 1855 errichten ließ, auf die Bedeutung Wartenbergs für die Geschichte der Wittelsbacher.

Otto von Wittelsbach, der 1180 als treuer Gefolgsmann des Stauferkaisers Friedrich I. Barbarossa das Herzogtum Bayern zum Lehen erhielt, bezeichnete sich in Urkunden auch als »Graf von Wartenberg«. Sein Vater hatte im 12. Jahrhundert hier eine Burg errichten lassen.

Der Sohn Ottos, Ludwig, genannt »der Kelheimer«, verbrachte seine Kindheit in Wartenberg, verlegte dann aber 1204 die Residenz in die günstiger gelegene Burg Trausnitz in Landshut. Damit sank die Wartenberger Burg zur Bedeutungslosigkeit herab. Die Wittelsbacher verschenkten sie 1373 an die Dorfbewohner, die nun die Burg abtrugen, um Baumaterial zu gewinnen. Das Schicksal der Burg und ihres Namens schien besiegelt – bis 1602 das Wartenberger Grafengeschlecht erneut aus der Taufe gehoben wurde.

1550 wurde der Wittelsbacher Herzog Ferdinand geboren. Die Erbfolge sah seinen älteren Bruder Wilhelm (»der Fromme«) als zukünftigen Herrscher vor. Für Ferdinand war der geistliche Stand vorgesehen. Da er dazu wenig Neigung zeigte, wurde ihm eine weltliche Ausbildung zuteil. Ferdinand war ein lebensfroher Mensch. Er liebte die Jagd und schlug als junger Mann wohl kräftig über die Stränge. Jedenfalls musste er sich schriftlich bei seinem Vater entschuldigen, weil er verbotenerweise die Neuveste (Residenz) nachts und allein verlassen hatte ... Auch später pflegte er einen sehr luxuriösen Lebensstil und gab das Geld mit vollen Händen aus. Heiraten sollte und wollte er. Aber eine Kandidatin, eine badische Gräfin, die seine Cousine war, durfte er aus verwandtschaftlichen, dynastischen und machtpolitischen Erwägungen nicht ehelichen.

Stattdessen verfiel man am Hofe auf die Idee, Ferdinand mit der im Gefängnis sitzenden Maria Stuart zu vermählen. Es wurden sogar

Herzog Ferdinand
von Bayern,
vermählt mit
Maria Pettenbeck,
gründete unter
Wilhelm V aufs Neue
das Haus Wartenberg
dessen Nachkommen
blühten als
Grafen von
Wartenberg
1588-1736.

Die Gedenksäule erinnert an die Wittelsbacher Burg und die Grafen von Wartenberg.

Beziehungen zum spanischen Hofe aufgenommen mit dem Ziel, die Freilassung der Schottin zu erreichen. Aber das überspannte Projekt zerschlug sich. 1588, Ferdinand war bereits 38 Jahre alt, suchte er einen Priester mit der Bitte auf, er möge ihn trauen – mit einer Bürgerlichen.

Die alsbald informierte Familie war entsetzt, als Ferdinand seine Frau vorstellte. Maria Pettenbeck war die minderjährige Tochter eines herzoglichen Beamten ohne jedes Vermögen. Dem Wittelsbacher Haus blieb dennoch nichts anderes übrig, als in die Heirat einzuwilligen. Verträge wurden geschlossen, die die Erbfolge regelten. Ferdinands Kinder sollten weder Grafen noch Herzöge werden, sondern nur Edelleute sein. Falls die Manneslinie des älteren Bruders Herzog Wilhelm aussterben sollte, würden sie aber die Regentschaft in Bayern übernehmen können. Mit dem Rang von Edelleuten wollte Ferdinand sich nicht zufriedengeben. Er erreichte 1602 schließlich, dass seine Nachfahren sich als Grafen von Wartenberg bezeichnen durften – nach der nicht mehr existierenden Burg im Erdinger Land.

Über Maria Pettenbeck ist sonst wenig bekannt, Bilder sind keine überliefert. Die Chronisten vermuten aber eine glückliche Ehe, denn in den 19 Ehejahren gebar sie 16 Kinder! Das letzte kam sechs Wochen nach dem Tode Ferdinands 1608 zur Welt, insgesamt überlebten zehn Kinder ihre Eltern.

Ferdinand hatte in München weiterhin auf großem Fuß gelebt – seine Schulden waren stetig angewachsen. Nach seinem Tode forderten die Gläubiger ihre Rechte. Für Maria Pettenbeck blieben zunächst nur ihr Schmuck, die »Weibszier«, persönlich erhaltene Geschenke und ihre Morgengabe. Erst nach der Schuldenregulierung kaufte ihr Neffe Herzog Maximilian Wohnung und Gärten von den Gläubigern zurück und schenkte sie den Wartenberger Verwandten.

Maria, so heißt es, wollte sich ins Kloster zurückziehen. Dazu kam es nicht mehr. Sie überlebte ihren Mann nur um sechs Jahre und starb in geistiger Umnachtung.

1736 ereilte den letzten Wartenberger Grafen, den erst 18-jährigen Max Emanuel, ein tragisches Ende – er erstickte an einem Pfirsichkern. 41 Jahre später hätte er die Nachfolge des ohne männlichen Erben verstorbenen Kurfürsten Max III. Joseph antreten können.

*Eva Strauß*

Wartenberg liegt zwischen Erding und Moosburg. Von der Ortsmitte Wartenbergs aus führt die Nikolaibergstr. zur Gedenksäule auf dem Nikolaiberg. Wartenberg ist öffentlich nur werktags erreichbar – vom S-Bahnhof Erding (S 2) weiter mit der Buslinie 501. Eine sportliche Radrundtour (ca. 50 km) von Erding gen Nordosten durch die Ausläufer des Erdinger Moos in das waldreiche Hügelland (»Holzland«) führt auch durch Wartenberg, den Wallfahrtsort Maria Thalheim und Schloss Fraunberg. Eine Beschreibung findet sich unter: www.outdooractive.com

# Informationen zu öffentlichen Verkehrsmitteln

Bei den Wegbeschreibungen wurde auch die Anfahrt (soweit möglich) mit öffentlichen Nahverkehrsmitteln angegeben. Fahrplanauskünfte sollten in jedem Fall vorab eingeholt werden, da der Busverkehr an den Wochenenden oft eingeschränkt ist.

Bei Zielen, die nur mit Fußwanderungen zu erreichen sind, sind zusätzliche Wanderkarten empfehlenswert, um Alternativrouten für den Hin- bzw. Rückweg wählen zu können.

### Bayerische Oberlandbahn (BOB) GmbH
Bahnhofsplatz 1
83607 Holzkirchen
Fahrplanauskünfte: Tel. 0 80 24/99 71 71
www.bayerischeoberlandbahn.de

### Deutsche Bahn AG
Fahrplanauskünfte: Tel. 0800/1 50 70 90 (kostenlos)
Servicenummer: 0180/6 99 66 33 (kostenpflichtig)
www.bahn.de

### Ingolstädter Verkehrsgesellschaft mbH (INVG)
Am Nordbahnhof 3
85049 Ingolstadt
Tel. 08 41/97 43 93 33
www.invg.de

### Landsberger Verkehrsgemeinschaft (LVG)
Landratsamt Landsberg am Lech
Von-Kühlmann-Straße 15
86899 Landsberg am Lech
Tel. 0 81 91/12 91 13,
www.lvg-bus.de

## Münchner Verkehrs- und Tarifverbund GmbH (MVV)

Thierschstraße 2
80538 München
Infotelefon: 0 89/41 42 43 44
S-Bahn München Tel.: 089/20 35 50 00
Hotline: 0800/3 44 22 66 00 (kostenfrei)
www.mvv-muenchen.de

## Fahrplanauskünfte:

online auf der offiziellen Homepage des MVV (mvv-muenchen.de), telefonisch (Telefonnummern oben) oder in den Niederlassungen Erding und Wolfratshausen:

Erding: Otto-Hahn-Straße 27, 85435 Erding
Wolfratshausen: Bürgermeister-Seidl-Straße 1, 82515 Wolfratshausen

## RBA-Betrieb Ingolstadt

Carl-Benz-Ring 20
85080 Gaimersheim
Tel. 0 84 58/3 24 90
www.rba-bus.de

## Regionalverkehr Oberbayern GmbH (RVO)

Hirtenstraße 24
80335 München
www.rvo-bus.de

## RVO – RVA Infotelefone

RVO-Zentrale München
Info-Tel. 0 89/55 16 40

## RVO-Niederlassung West, Betrieb Bad Tölz

Tel. 0 80 22/18 75 00

## RVO-Niederlassung Ost, Betrieb Berchtesgaden

Tel. 0 86 52/9 44 80

## RVO-Niederlassung Mitte, Betrieb Erding

Tel. 0 81 22/22 72 96

**RVO-Niederlassung West, Betrieb Garmisch-Partenkirchen**
Tel. 0 88 1/92 47 70

**RVO-Niederlassung München (RVO Zentrale)**
Tel. 0 89/41 41 94 60

**RVO-Niederlassung Ost, Betrieb Reit im Winkl**
Tel. 0 86 40/10 08

**RVO-Niederlassung Ost, Betrieb Rosenheim**
Tel. 0 80 31/35 49 50

**RVO-Niederlassung West, Betrieb Tegernsee**
Tel. 0 80 22/18 75 00

**RVO-Niederlassung Ost, Betrieb Traunstein**
Tel. 08 61/70 86 30

**RVO-Niederlassung West, Betrieb Weilheim**
Tel. 08 81/92 47 70

**RVO-Niederlassung Mitte, Betrieb Wolfratshausen**
Tel. 0 81 71/48 26 90

**Stanglmeier Touristik GmbH & Co. KG**
Industriestraße 14
84048 Mainburg
Tel. 0 87 51/70 90, Callcenter: 0800/9 00 80 02
www.stanglmeier.de

**Bayerische Seenschifffahrt GmbH**
(Ammersee, Starnberger See, Tegernsee, Königssee)
Seestraße 55
83471 Schönau am Königssee
Tel. 0 86 52/9 63 60
www.seenschiffahrt.de

# Bildnachweis

# Register

# Die Autorinnen und Autoren

**Dr. Ulrike Ehmann** stammt aus Nordbayern und lebt seit fast vier Jahrzehnten in München. Die promovierte Historikerin und Literaturwissenschaftlerin ist als freie Lektorin und Herausgeberin vorwiegend, aber nicht nur für (ober-)bayerische Buch- und Zeitschriftenverlage tätig.

**Andrea Hähnle,** geb. 1958, Studium der Geschichte und der Germanistik (Staatsexamen) in Tübingen. Inhaltlicher Schwerpunkt der historischen Arbeit in den Bereichen Frauengeschichte sowie württembergische und bayerische Landesgeschichte. Reiseleiterin, Gästeführererin, Dozentin in der Erwachsenenbildung.

**Dr.-Ing. Herbert May** studierte Geschichte, Denkmalpflege und Politikwissenschaft. Seit 2011 ist er Leiter des Freilichtmuseums in Bad Windsheim. Seit 2001 Lehrbeauftragter an der Universität Bamberg (Institut für Archäologie, Denkmalkunde und Kunstgeschichte) und seit 2006 Lehrbeauftragter am Lehrstuhl für Europäische Ethnologie/Volkskunde an der Universität Würzburg.

**Ingrid Reuther,** Historikerin aus Leidenschaft. Veröffentlichungen zur Frauengeschichte, Mitautorin in »hier wohnte – Projekt zur Erinnerung an jüdische Nachbarn in [München-] Neuhausen«, Stadtführerin bei Stattreisen München e. V., Redakteurin von *Geschichte quer. Zeitschrift der bayerischen Geschichtswerkstätten.*

**Dr. Rita Sperl,** Studium der Geschichte und Soziologie in München, 1991 Promotion, Forschungen zur Handwerks- und Stadtgeschichte sowie zur Frauen- und Geschlechtergeschichte, Lehrtätigkeit an der Universität der Bundeswehr München und der Fachhochschule für Soziale Arbeit in Landshut, Lehrerin an einer Privatschule in München.

**Dr. Eva Strauß,** Studium der Geschichte und Germanistik. Diverse Veröffentlichungen zur Regional- und Frauengeschichte, Lehrbeauftragte und Dozentin, Geschäftsführerin bei Stattreisen München e. V.